Prof. Dr. Franz Decker

Medizin für die Seele

Lebens- und Seelenkräfte im Alltag mobilisieren

Verlag Via Nova

Prof. Dr. Franz Decker

Medizin für die Seele

Lebens- und Seelenkräfte im Alltag mobilisieren

Verlag Via Nova

1. Auflage 2008

Verlag Via Nova, Alte Landstraße 12, 36100 Petersberg
Telefon: (06 61) 6 29 73
Fax: (06 61) 9 67 95 60
E-Mail: info@verlag-vianova.de

Internet:
www.verlag-vianova.de

Umschlag: Marketing Design Service GmbH, Hamburg
Satz: typo-service kliem, 97647 Neustädtles
Druck und Verarbeitung: Fuldaer Verlagsanstalt, 36037 Fulda
© Alle Rechte vorbehalten
ISBN 978-3-86616-115-3

Inhaltsverzeichnis

So wie es

kein Meer ohne Wasser,
keine Berührung ohne Haut,
keinen Geruch ohne Nase,
keinen Geschmack ohne Zunge,
keinen Klang ohne Ohr,
keinen Gedanken ohne Verstand,
keine Arbeit ohne Hände und
kein Gehen ohne Füße geben kann,
so kann es nichts ohne die
Seele geben.

Aus den Upanischaden

* * *

„Ich glaube, es war niemals wichtiger als heute, sich um die Bedürfnisse der menschlichen Seele zu kümmern. Das zwanzigste Jahrhundert wurde von einem Weltbild beherrscht, das eine mechanistische, rationale Sichtweise verherrlicht und die inneren Prozesse völlig vernachlässigt."

Marianne Williamson

Einleitung: Das Leben neu be-seelen

Geht es Ihnen vielleicht so wie Susanne N., 46 Jahre, erfolgreich in Beruf und Privatleben? Sie mailt, faxt in die ganze Welt, verdient gut, lebt mit ihrem zweiten Partner. Aber auch der arbeitet, reist und denkt viel. Für ein persönliches Gespräch bleibt fast nie Zeit. Sie verfügen beide über Internet, Mobiltelefon. Ihre Familienmitglieder und Nachbarn treffen sie fast nie. Es fehlt an Zeit. Selbst ein Date mit sich selbst kommt nicht zustande. Arbeit, Konsum und Aktivitäten verhindern das. Es entstand ein Leerraum in ihr, den sie mit Essen, Rauchen, Fernsehen, Fachgesprächen auszufüllen versucht.

Industrialisierung, Hektik, Lärm, Zeitdruck, Kapitalismus und äußeres Wohlstandsdenken, gegenseitige Missachtung, Versachlichung der menschlichen Beziehung haben zu einer Vereinsamung geführt. Unser Inneres, unsere Psyche und Seele, ist oft verriegelt. Mitten im Überfluss, den Kopf tief im Sand vergraben, gehen wir allmählich in einen seelischen Konkurs. Burnout, Depression, chronische Müdigkeit und andere Zivilisationsleiden sind oft die Folge der inneren, seelischen Vereisung.

„Die Welt scheint in Flammen zu stehen, und es sieht so aus, als stünden unsere Herzen ebenfalls in Flammen – sie sind entflammt von Furcht und Ungewissheit. Die Menschen haben keine Überzeugungen mehr und sind oft von einer leidenschaftlichen, aber unklugen Intensität erfüllt."

Prof. Dr. Jon Kabat-Zinn

Unsere Welt, unser Seelen- und Geistesleben haben sich radikal verändert. Wir beginnen deutlich zu spüren, dass äußerer Wohlstand allein nicht das Menschsein, Gesundheit und Wohlergehen ausmachen. Die Seelen- und Geistesstarre, die Verkümmerung unserer inneren Lebenskräfte – vor allem der Kraftquelle Seele – zeigt große Auswirkungen: Innere Verstimmungen, Erschöpfung, Burnout, Ausgebranntsein, Ohnmachtsgefühle, fehlender Lebenssinn und Lebenswille, gestörte Lebensordnung, Depression sind nur einige Symptome dafür.

Viele Menschen scheitern in der Kunst, das eigene Leben zu gestalten, eine eigene innere Souveränität, eigene innere „Überlebenskräfte" zu entwickeln. Lebenskunst als Fähigkeit, das Bestmögliche aus sich und seinem Leben zu machen, gut mit sich, seinen Mitmenschen und dem Umfeld zu leben wird zu einer zentralen Entwicklungsaufgabe. Das Leben in die eigene Hand zu nehmen und es trotz widriger Umstände sinnvoll zu gestalten stellt eine große Herausforderung dar. Orientierung und die Fähigkeit, die eigenen körperlichen, geistigen und seelischen Selbstgestaltungs- und Selbstheilungskräfte zu nutzen, sind teilweise abhanden gekommen oder verschüttet bzw. erstarrt.

Angstwolken und Ohnmachtgefühle engen uns immer stärker ein. Verwahrlosung, Sichtreibenlassen, die Unfähigkeit, zur Besinnung zu kommen, sich umzuorientieren, die Kraftquellen der Seele und auch des Geistes zu mobilisieren, bestimmen unser Leben.

Ohne Seele sind wir keine Menschen

Es geht darum, die in unserer Gesellschaft vorherrschende materielle Sicht des Körpers und auch des Lebens zu überwinden und die seelisch-geistigen Kräfte für die eigene Entwicklung und die Lebensgestaltung zu nutzen. Die Wissenschaft erkennt zunehmend die Bedeutung von Spiritualität und Seele für das psychomentale Wohlbefinden und die Gesundheit. So werden Lebenserwartung verlängert, das Risiko von Zivilisationskrankheiten reduziert, Stress vermindert und Wohlbefinden erhöht. Durch die Verbundenheit mit dem Übernatürlichen, aber auch mit den Mitmenschen, der Natur und uns selbst wachsen uns Lebenssinn und Lebenskraft zu.

Viele Menschen führen heute ein gestutztes Leben, sind vielleicht im Burnout, ausgebrannt, innerlich leer. Alles ist dringend, alle scheinen gestresst, unter Druck.

Die meisten von uns verfügen über ein größeres Potential, als sie wissen. Wir nutzen nur einen Teil unserer Fähigkeit, meinte schon Albert Einstein. Viele pflegen heute Körperaktivitäten zum Ausgleich gegen die Überforderung. Mindfitness und damit ein geistiges Vitalitätstraining beginnt sich langsam zu entwickeln. Seelen-Coaching ist jedoch den meisten noch fremd. Wir sind heute noch viel zu außengeleitet. Wir sehnen uns in unserem Leben nach etwas, was uns neue Kraft, Lebendigkeit und Weg-Klarheit gibt.

> „Wende deine Gedanken nach innen, und du wirst in deiner Seele tausend
> völlig unentdeckte Bereiche finden",

schreibt der amerikanische Autor Henry David Thoreau. Wir vernachlässigen heute in dieser hektischen, seelenlosen Zeit allzu oft den Blick in unser Inneres. Bei Lärm und Dauerpräsenz, z. B. durch Handy und Mail, fehlt uns die Kraft zum Innehalten, zur Besinnung. Die Quellen unserer Seelenkraft sind verschüttet. Es fehlt uns Stille, um die Flüsterstimme unserer Seele zu hören.

Doch die Seele ist in dieser rastlosen Zeit für uns alle eine zentrale Lebenskraft.

> Seele ist die Orientierungs- und Sinninstanz in unserem Leben.

Sie gibt Antwort auf zentrale Lebensfragen, wie z. B.

- Wofür tue ich das alles?
- Wer bin ich?
- Wie möchte ich leben, wie stehe ich zum Leben?
- Was ist der Sinn meiner Geschäftigkeit?
- Wofür kann ich dankbar sein?

Antworten auf diese Fragen finden wir meist in uns. Allerdings nur, wenn wir all das abstreifen, was unsere Aufmerksamkeit für gewöhnlich in Anspruch nimmt. Kontakt zur Seele erhalte ich nur in der Stille, in der Meditation, in der Besinnung.

Eins zeigt unsere moderne, seelenlose Zeit mit ihren vielen Ausfallerscheinungen wie Burnout, Depression und vielen Zivilisationskrankheiten:

> „Wenn wir uns nicht die Zeit und die Muße nehmen, in unser Inneres zu
> gehen, riskieren wir, ohne uns und unsere inneren Kraftquellen durchs
> Leben zu gehen."

Die Seele, unser Tröster und Lebenskompass, ist jedoch nicht von Natur aus voll geprägt, nicht etwas, was uns mit der Geburt fertig gestaltet übertragen wird. Unsere Seele bedarf der Nahrung, der Entwicklung und Programmierung von innen und auch von außen.

Das Buch will uns Nahrung für unsere Seele geben, uns helfen, die Kraftquellen der eigenen Seele zu erschließen, Lebens- und Seelenkräfte zu mobilisieren, um so dem Zivilisationsdruck zu trotzen.

Was heißt denn Nahrung für die Seele? Die Seele lebt nicht direkt von Vollkornbrot und Gemüse. Das ist primär Nahrung für den Körper. Seelenkräfte sind Qualitäten wie Lebenssinn, Glaube an sich und andere, Liebe, Hoffnung. Die Seele freut sich über „Moments of Excellence", Glücksgefühle, über Visionen, persönliche Ziele, über Vertrauen und Zuneigung. Das ist Nahrung für unsere Seele. Wir wissen heute, dass viele solcher Seelenkräfte durch Mind Coaching, durch aktive Imagination angelegt bzw. programmiert werden können. Sie fließen uns aber auch von außen zu, z.B. durch die Religion und gute Freunde.

Eine so genährte Seele ordnet diese spirituellen Kräfte und stellt sie uns zur Lebensbewältigung und Persönlichkeitsentwicklung zur Verfügung. Nutzen wir also die Zeit,

• unsere Seele zu nähren,
• in der Stille auf ihre Botschaften zu hören, sie zu pflegen,
• um Orientierung, Sinn und Lebenskraft zu empfangen.

Zentrale Quelle der seelischen Kräfte ist der Alltag, unser tägliches Erleben, ein bestimmtes Tun, das auch nach den inneren Kräften unseres Tuns fragt. Denn

„was hinter uns liegt und
was vor uns liegt,
sind winzige Dinge, verglichen mit dem,
was in uns liegt."

Oliver Wendell Hohnes

Ich wünsche Ihnen, dass Sie sich im Alltag besser auf Ihre Innenwelt einstimmen können, um dadurch Sinn- und Glücksempfinden zu verstärken.

Das Buch erwuchs aus eigener Erfahrung, aus dem inneren Erleben vieler Jahrzehnte und bietet praktisch verwertbare Zusammenhänge, viele Übungen zur Entspannung, zur Meditation, zur mentalen Lebensänderung und emotionalen Stabilisierung. Für ein neues oder besseres, beseeltes Leben mit viel Lebensfreude und Erfüllung wünsche ich Ihnen viel Erfolg.

Franz Decker

1. Ein erweitertes Seelenverständnis

Fast jeder kennt Momente, in denen er tiefen Frieden, Klarheit und Einssein mit sich und der Welt erleben oder zumindest erahnen konnte. Viele erfahren dies am ehesten in der Natur – auf einem Berggipfel, am Meer, in der Wüste. Dann, wenn alle innere Aufgeregtheit, Nöte, Gedanken und Gefühle zurücktreten und weniger wichtig sind, entfaltet sich ein Zustand, der anders ist als das Altagsbewusstsein. „Manchmal erlebt man eine Gelassenheit, gepaart mit dem Wissen, dass alles, was jetzt geschieht, was man jetzt tut, seine Richtigkeit hat. Einige Menschen erleben dies beim Sport, Musizieren, Malen oder bei einer anderen Tätigkeit, in der sie ganz aufgehen." (Ingeborg & Th. Dietz, Selbst in Führung, Paderborn 2007, S. 92).

Wer so etwas erlebt, verspürt einen seelennahen Zustand, sein eigenes Sein bzw. Selbst. Schon A. Maslow wies in seinem Buch „Motivation und Persönlichkeit" (2002) auf dieses eigene Sein hin. Csikszentmihalyi beschrieb dieses Gefühl als „Flow". Ein solcher tiefer, innerer Zustand lässt sich auch als Selbst charakterisieren (vgl. I. & Th. Dietz, S. 92). Die Frage nach unserem inneren Kern beschäftigt seit Menschengedenken religiöse Führer, Philosophen, Psychologen und Hirnforscher. Die Antworten sind sehr unterschiedlich.

Ein solcher seelennaher, innerer Zustand wird heute von vielen Menschen als Verlust empfunden. Die moderne Zivilisation unterdrückt unsere Seele, lässt ihr die Stimme verschlagen. Voraussetzung, um einen solchen Seelenzustand zu empfinden, ist das Vorhandensein von innerer Ruhe, Besinnung, Entspannung, das Zu-sich-selber-Finden. Das Fehlen solcher Ruhesituationen löst oft „Seelennot" aus, wie folgendes Beispiel verdeutlicht:

Petra in Seelennot

Petra A., 43 Jahre, alleinstehend, Betriebswirtin. Sie besitzt einen scharfen Verstand, ist erfolgreich im Beruf, chronisch im Stress. Sie kommt nicht mehr zur Ruhe. Für Privatleben und Freundschaften, erst recht für eine Liebebeziehung reicht die Zeit nicht. In ihrem Kopf ist nur Platz für die Arbeit. Von Zeit zu Zeit kämpft sie mit Verstimmungen. Auch wenn es ihr besser geht, weiß sie kaum Positives über sich zu sagen. Sie ist fremdbestimmt. Selbstliebe ist ihr fremd. „Ich weiß nicht, wer ich bin und wozu ich lebe. Ich komme ja auch nicht zum Nachdenken. Stress und meine seelenlose Arbeit lassen mich verkümmern und hoffentlich nicht krank werden." Sie besitzt bei diesem Leben auch keine Kraft zur Besinnung, zum Umdenken. Ihre Seele hungert bei materiellem Wohlstand.

1.1 Seele in einer seelenlosen Zeit

Es klingt noch ungewöhnlich, sich mit der Seele, vor allem in Bezug auf Gesundheit und Wohlbefinden, zu beschäftigen. Doch Seelenthemen haben in unserer modernen Welt mit ihrer gestressten, materialistischen Kultur seit kurzem etwas Aufmerksamkeit erlangt.

Viele Menschen suchen nach anderen Lebensankern. Materieller Wohlstand, Funktionalität, naturwissenschaftliche Medizin, Körperkult reichen als Erklärungsmodell für Lebensqualität und Gesundheit nicht mehr aus. Die Mind-Body-Zusammenhänge werden langsam wissenschaftlich untersucht. Doch was ist mit der Seele? Es fehlt uns noch an Bewusstsein und erst recht an Seelenweisheit. Immer mehr Menschen wünschen sich Seelenkraft. Kein Mensch möchte seelenlos sein. Doch nur wenige sind „von etwas beseelt", haben intuitives Empfinden und Erleben.

Alles ist so oberflächlich geworden. Der Tiefgang fehlt. Besinnung ist uns verloren gegangen in einer so schnellen, oberflächlichen, gestressten Zivilisation.

John Kabat-Zinn, der bekannte amerikanische Verhaltensmediziner und Mind-Body-Forscher, drückt es in seinem neuesten Buch „Zur Besinnung kommen", Freiamt 2006, wie folgt aus:

> „Für mein Empfinden ist die Entwicklung des Lebens auf diesem Planeten heute an einem entscheidenden Punkt angelangt. Es könnte sich in ganz unterschiedliche Richtungen entwickeln. Die Welt scheint in Flammen zu stehen und es sieht so aus, als stünden unsere Herzen ebenfalls in Flammen – sie sind entflammt von Furcht und Ungewissheit. Die Menschen haben keine Überzeugungen mehr und sind oft von einer leidenschaftlichen, aber unklugen Intensität erfüllt.
>
> Die Geschehnisse werden entscheidend davon abhängen, ob wir etwas dafür tun, das Unbehagen, die Unzufriedenheit und das schiere Unwohlsein, die unser Leben und unser Zeitalter durchdringen, zu heilen, während wir gleichzeitig alles in uns und in der Welt, was gut, schön und gesund ist, nähren und beschützen. Wir sind dazu

aufgerufen, zur Besinnung zu kommen, als Individuen und als Spezies."

Wir stehen am Anfang eines neuen Umbruchs, eines Umdenkens beim Einzelnen und in der Gesellschaft, eines Werte- und Lebenswandels, den man charakterisieren könnte:

Vom Geld zum Geist,
vom Primat des materiellen Reichtums zur Stärkung des geistig-seelischen Reichtums

Vom Logos zum Holos,
vom Primat des reinen Verstandes, des logischen Denkens, der Linkshirnigkeit, zum ganzheitlichen Denken in Medizin, Lebenskunst und gesellschaftlich-politischen Aktivitäten

Vom Körper zu Körper, Geist und Seele,
vom einseitigen Körperfitness-Kult, der Körpermedizin, zum Geist- und Seelenheil. Dank der modernen Gehirnforschung und des Seelenverständnisses erkennen wir immer mehr, dass Gesundheit und Lebensqualität stark von geistigen und seelischen Kräften bestimmt werden.

Die Überforderungen und Überfrachtungen des täglichen Lebens machen nicht mehr primär Medikamente und Körpertherapie notwendig, sondern verlangen geistige und seelische Stärkung, ein neues Gleichgewicht von Körper, Geist und Seele. Mind- und Seelencoaching sind die primären Instrumente einer neuen Zeit. Erschöpfung und Burnout brauchen zur Vermeidung, zur Prävention und auch zu ihrer Behandlung eine Mobilisierung der seelisch-geistigen Erfüllungskräfte. Das kann geschehen durch die Aktivierung der bewussten und vor allem unbewussten Selbststärkungs- und Selbstheilungskräfte von Geist und Seele. (Vgl. Franz Decker, Erfolgreich sein Leben meistern, Petersberg) Eine solche Förderung der seelisch-geistigen Lebenskräfte ist notwendig, weil sonst Gesundheit, Wohlbefinden und Lebensenergien zerfallen.

Kabat-Zinn drückt das aus, was viele Menschen empfinden: „Wir haben weitgehend den Kontakt verloren zur wahren Wirklichkeit dessen, was wir in unserer Tiefe und in allen unseren Möglichkeiten sind." Das Tor, durch das wir erneuten Zugang zu unserem inneren Potenzial, zu unserem Körper, unseren

Gefühlen, unseren Mitmenschen und unseren Organisationen gewinnen können, ist der denkende Geist, unsere Seele. Unser Geist und unsere Seele brauchen verstärkt Nahrung, eine vitale geistig-seelische Nahrung.

Seele, Geist und Körper sind in einem Dreiklang miteinander verbunden. Es sind drei Energie-Bausteine in einem Feld von Lebens- und Seelenkräften.

Körperkräfte

Der Körper und sein Immunsystem besitzen ein großes Heilungspotenzial. Wenn man sich z. B. in den Finger schneidet, heilt der Finger von selbst. Das Gleiche gilt auch für Erkältungen.

Geisteskräfte

Auch der Geist besitzt Gestaltungspotenziale, mentale Fähigkeiten, um Verhalten, Denken, Vorstellungen, Gefühle zu transformieren, sowohl auf der bewussten wie unbewussten Ebene. Das geschieht z. B. durch Imagination, Visualisieren, positives Denken und andere Methoden. Solche Programmierungen beeinflussen Wohlbefinden und Gesundheit. In unserem Geistesfeld gibt es sowohl heilsame wie unheilsame „Samen", je nachdem, was wir von uns selbst oder von unserem Umfeld „gesät" bekommen (Gehirnsozialisation).

Seelenkräfte

Seele bedeutet so viel wie Spirit, Geist im spirituellen Sinne. Die westliche Wissenschaft untersucht vereinzelt die Botschaften der Zellen und die Kommunikation zwischen den Zellen und den Organen.

Seele, Spirit, Botschaften oder Schwingungen sind m. E. nur verschiedene Begriffe für Seelenkräfte, Seelenenergien. Alles hat eine Seele.

1.2 Seele und Spiritualität als Megatrend

Erst in den letzten Jahren erkennen die Menschen und auch die Wissenschaften – wie Psychologie und Medizin – zunehmend die Bedeutung von Seele und Spiritualität. Sie haben diese bisher aus dem Blick verloren. Psychologie und Medizin sahen den Menschen primär aus seiner Außenperspektive, beschäftigen sich mit äußerlichem Verhalten, mit Körperorganen, Mechanismen und Kognitionen.

Das steht ganz im Gegensatz zu den uralten Traditionen, die den Menschen wesentlich als Seele und Geist begreifen. Damit beschäftigte sich die Spiritualität.

1.2.1 Spiritualität als vielfältige Erfahrung

Der Begriff der Spiritualität war lange nicht positiv besetzt. „Er weckte Assoziationen an Nonnen, die den Rosenkranz beten, an weltabgewandte Orte des Schweigens, der Askese. Spirituell zu sein bedeutete, weltflüchtig und religiös konservativ zu sein und sein Kreuz bewusst auf sich zu nehmen. Doch in den letzten Jahren hat sich das explosionsartig geändert." (Anton A. Bucher, Psychologie der Spiritualität, Weinheim 2007, S. 3)

Man spricht von einer „spirituellen Revolution". Vertreter der Kirchen, Meditationslehrer, Psychotherapeuten, Wellness-Experten, aber auch immer mehr Bürger erkennen den Sinn und die Notwendigkeit, spiritueller zu leben. Der Soziologe Roof (2000) charakterisiert die US-Gesellschaft als „spirituellen Marktplatz und Sinnsuche-Kultur". Viele Menschen suchen ein Leben aus dem Geist, mit Sinn. Es gibt Ansätze, Spiritualität zu fassen. Der Theologe Karl Rahner definiert Spiritualität als „Leben aus dem Geist". Um jedoch aus dieser Quelle leben zu können, braucht man Wege wie Stille, Muße, Meditation oder Gebet.

Spiritualität ist jedoch nichts Weltfremdes. Sie wird auch sichtbar im Alltag, im Tagesablauf, in der innigen Begegnung mit Menschen und in der Natur.

„Wir können an einem Menschen sehen, aus welcher Quelle er lebt. Wenn einer aus der Quelle von Unzufriedenheit und Bitterkeit lebt, dann hat er eine negative Ausstrahlung. "

Anselm Grün, Spiritualität, Münsterschwarzach 2007, S. 18

Viele Menschen sind heute erschöpft, ausgebrannt, missmutig und unzufrieden, weil sie die verschiedenen Quellen der Spiritualität, die innere Beziehung zu sich selbst und zum Nächsten, zum Leben, zur Natur oder gar zu Gott nicht mehr nutzen. Spirituell zu sein bedeutet, in die Tiefe vorzudringen oder in ungeahnte Höhen des Bewusstseins aufzusteigen, über das Materielle hinauszuwachsen, institutionelle Religion in Richtung kosmisches Bewusstsein zu überschreiten. 82 Prozent der Amerikaner verspüren das Bedürfnis, spirituell zu wachsen (A. Bucher, a.a.O., S. 3). Forschungsergebnisse belegen, dass spirituelle Menschen länger gesund leben, seltener einen Herzinfarkt erleiden, andere Zivilisationskrankheiten seltener sind und selbst in schwierigen Lebenssituationen Sinn und Hoffnung erhalten bleiben.

Spiritualität entwickelt sich zunehmend von der engen, traditionellen Kirchlichkeit weg zu einer persönlichen Spiritualität, die oft verstanden wird als eine innere Verbundenheit zu Mitmenschen, zur Natur, aber auch zum Übernatürlichen. Amerikanische Forscher sehen in Spiritualität „die persönliche Beziehung eines Menschen zu dem, was für ihn heilig oder transzendent ist". Spiritualität ist heute individuell und erfahrungsorientiert. R. Stoll beschrieb das so:

„Spiritualität ist mein Sein, meine innere Persönlichkeit. Sie ist, was ich bin – einzigartig und lebendig. Sie drückt sich aus durch meinen Körper, meine Gefühle, meine Urteile und meine Kreativität."

Entscheidend ist also, ob Friede, innere Harmonie und Stimmigkeit körperlich und geistig erfahren werden. Spiritualität versteht man deshalb heute als Lebenskraft, weniger als Gottesbeziehung. Substanz der Spiritualität ist die Seele eines jeden Einzelnen.

Tipps für mehr Seelenkraft:

Spannungen abbauen und die Seele mobilisieren
Im Verlauf des Tages gibt es vielfältige Gelegenheiten, die Tagesarbeit zu beseelen, sich kurz zu besinnen und der Seele Aufmerksamkeit zu schenken.

Beispiele:
1. Stimmen Sie sich morgens – vielleicht schon im Bett – fünf Minuten auf den Tag ein, auf schöne Augenblicke, auf erfreuliche Begegnungen.

2. Wenn Sie auf dem Weg zur Arbeit warten müssen, z. B. an einer Ampel oder am Bahnhof auf den Zug, nützen Sie die Zeit für eine kurze Besinnung, z. B. über die Wolken am Himmel, die Betrachtung eines Baumes, den Gedanken an einen lieben Menschen oder an eine erfreuliche Situation.

3. Wenn Sie zwischendurch eine kurze Pause machen, entspannen Sie sich kurz, schauen Sie auf etwas Schönes, singen Sie – wenn möglich – eine Melodie oder gehen Sie kurz an die frische Luft, betrachten Sie die Natur – alles statt rauchen und Kaffee trinken.

4. Nutzen Sie die Mittagspause für etwas Kreatives, etwas Ungewöhnliches, etwas Schönes. Wenn Sie etwas essen, betrachten Sie die Farben, den Duft, den Geschmack, das Design Ihres Essens. Genießen Sie es, essen Sie bewusst. Schmauen Sie (= schmausen plus kauen)!

5. Benutzen Sie Alltagstätigkeiten – wie das Ablegen von Akten, den Weg in einen anderen Raum, das Am-Computer-Sitzen – als Möglichkeit, um sich auf sich selbst zu besinnen, zu konzentrieren, statt sich auf die Reize der Arbeit einzulassen.

6. Genießen Sie das Ende der Arbeitszeit: den Nachhause-Weg mit Frischluft, mit dem Freisein, der Vorfreude auf ein Glas Tee, eine schöne Musik. Genießen Sie die Stimmung. Sorgen Sie für ein Feierabendritual, z. B. alle Last abends wegduschen.

1.3 Seelenverständnis im Wandel der Zeit

Das Verständnis von Seele hat sich im Laufe der Zeit gewandelt.

1. In früheren Kulturen betrachtete man Seele als Lebenskraft, die den Körper im Moment des Todes wieder verlässt.

2. Das griechische Wort für Seele ist Psyche. Heute geht man oft mit einer materiellen Sichtweise an die Seele heran. Damit wird man jedoch der Seele nicht gerecht.

3. Moderne Neurowissenschaften untersuchen heute zunehmend das Gehirn und versuchen, den Dualismus von Körper und Seele zu überwinden. Doch vielfach fragt diese Wissenschaft nicht mehr nach der Seele. „Sie sucht das Bewusstsein als eine Art Geistmaschine (mind machine) physikalisch oder funktional zu entschlüsseln" (Daniel Hell, Seelenhunger, Bern 2003, S. 61). Man erkennt, dass dem subjektiven Erleben eine große Bedeutung zukommt. So z. B. bei psychischen Störungen. Denkbar wäre, dass die Seele in Zusammenhang mit dem Unbewussten und damit auch mit Spiritualität steht.

4. Aus spiritueller Sicht hat die Seele in einem Körper bestimmte Aufgaben zu erfüllen. Im Begriff Spiritualität schwingt etwas von einer besonderen Sphäre mit, von etwas Übersinnlichem, von Meditativem, etwas Besinnlichem. Im Wort Spiritualität steckt das lateinische „spiritus" (= Geist).

5. Heute haben viele Menschen ein Verlangen nach etwas, das über die Befriedigung von körperlichen und sozialen Bedürfnissen hinausreicht, nach etwas Geistvollem. Deshalb wird im Volksmund Seele mit Begriffen wie liebevoll, freundlich, offenherzig, leise, besinnlich belegt. Leise, beschauliche Musik geht unter die Haut, rührt an die Seele, laute Rockmusik jedoch nicht.

6. Seele lässt sich also als energievolle, geistige Botschaft verstehen.

Botschaften können die Transformation zwischen Materie, Körper und Energie beeinflussen. Für Samuel Hahnemann, den Begründer der Homöopathie, war Krankheit Ausdruck einer „verstimmten Lebenskraft".

Seelenkräfte in Form von Botschaften, geistigen Vorstellungen, Gefühlen können Transformationen zwischen Körper, Materie und Energie beeinflussen, beide in die richtige Balance bringen. Ein Gebet ist eine solche Botschaft. Das erklärt, warum ein Gebet wirksam, ja heilsam sein kann. Das beweisen zahlreiche wissenschaftliche Forschungen. Der Einfluss bezieht sich auf die Materie innerhalb der Zellen und die Energie außerhalb der Zellen. Traditionell konzentriert sich z. B. die westliche Medizin auf Körper und Materie oder auch auf Energie. Vereinzelt geht man einen Schritt weiter und bezieht den Geist mit ein (vgl. Mind-Body-Medicine). Doch kaum wird die Seele beachtet, der Zusammenhang zwischen Seele, Energie, Geist und Materie.

Die Seele als das Belebende im Menschen

„Die Seele ist das belebende Prinzip,
das Prinzip, das Lebendes lebendig macht...
Wir sprechen von beseelten Dingen
im Gegensatz zu unbeseelten, von Dingen
mit Seele im Gegensatz zu Dingen ohne Seele.
Die traditionelle Bedeutung des Wortes Seele
meint viel mehr als die menschliche Seele.
Die Seele ist das, was Dinge lebendig macht."
Rupert Sheldrake

Für Sigmund Freud war die Seele so etwas wie eine Tafel, auf der man Geschriebenes sofort wieder löschen könne, auf der aber einiges fast unsichtbar zurückbleibt. Seele wäre dann so etwas wie ein Sammelplatz gemachter Erfahrungen und Eindrücke, die z.T. schwer zugänglich sind. Es handelt sich also hier um ein innerpsychisches Seelenverständnis. Seele ist aber mehr als Psyche. Schon C.G. Jung, ein Schüler Freuds, sah die Seele anders, als etwas Belebendes, aber auch als etwas Belastendes.

„Beseeltes Leben ist lebendiges Wesen. Seele ist das Lebendige im
Menschen, das aus sich selbst Lebende und Lebensverursachende,
darum blies Gott dem Adam einen lebendigen Odem ein, damit er
lebe. Die Seele verführt die nicht leben wollende Trägheit des Stof-
fes mit List und spielerischer Täuschung zum Leben. Sie überzeugt
von unglaubwürdigen Dingen, damit das Leben gelebt werde. Sie ist

*voll von Fallstricken und Fußangeln, damit der Mensch zu Fall
komme. Wäre die Bewegtheit und das Schillern der Seele nicht, der
Mensch würde in seiner größten Leidenschaft, der Trägheit, zum
Stillstand kommen."*

C..G. Jung

Für Jung war klar: „Unser Bewusstsein umfasst die Seele nicht."

Auch Voltaire (1694 bis 1778) sah in der Seele eine Lebenskraft: „Seele
nennen wir, was mit Leben erfüllt. Mehr wissen wir, weil unser Verstand be-
schränkt ist, leider nicht." Seele kann auch heute nicht als physisches Organ,
als Verstandesgröße gesehen werden, sondern als Teil des Unbewussten.

Arnold Gehlen (1904–1976), der deutsche Philosoph und Soziologe, mein-
te: „Man kann den Ausdruck ‚Seele' durch den Ausdruck ‚innere Welt' erset-
zen. Seele ist also physiologisch-materialistisch nicht fassbar. Sie ist eine
unbewusste Kraft in uns, die uns unbewusste Bilder und Botschaften sendet.
Unser Leben und Denken wird aber zu einem großen Teil von unbewussten
Erfahrungen und Prägungen bestimmt. Auch neuere Erkenntnisse aus der
Hirnforschung zeigen, wie bestimmend das Unterbewusstsein ist." (G. Roth,
Fühlen, Denken, Handeln, Frankfurt 2003)

Meister Eckhart glaubte, dass alle menschliche Wissenschaft nicht ergründen kann, was Seele im Grunde ist. Heute können wir annehmen, dass die
Seele eine „un-bewusste Kraft" ist, die in unserem Unbewusstsein im Gehirn
angesiedelt ist und durch bestimmte Mentalmethoden wie Entspannung, Visualisieren, Meditation erreicht, d. h. zum Fließen gebracht und auch so programmiert bzw. gefördert werden kann.

Wir wissen intuitiv, so Thomas Moore (Care of the Soul, New York 1994),
dass Seele etwas mit Echtheit und Tiefe zu tun hat. Bestimmte Gedanken, Botschaften, Dinge, Schwingungen wie z. B. eine Musik, ein Gefühl wie Liebe
sind beseelt, haben also eine verbindende und integrierende Kraft, die uns Zusammenhänge, Sinn sehen und beachten lässt.

Für Harry Moody (Sinnkrisen in der Mitte des Lebens, München 1997,
S. 51) gibt es „eine transzendente spirituelle Eigenschaft im Herzen eines
jeden Menschen, ein Potenzial, das man seit undenklichen Zeiten kennt und
sucht. Wird dieses Potenzial geweckt, so gewinnt der Suchende eine offenere

Sicht auf die alltäglichen Sorgen und Irrungen des Lebens, mehr Lebendigkeit, Freude und Sicherheit. Sinn und Zweck des Lebens liegen nicht länger im Verborgenen, sondern treten offen zu Tage. Dieses Potenzial – die Seele – können wir nur in uns selbst finden und erwecken."

1.4 Seele und Selbst aus Sicht der Wissenschaft

Menschen sind sehr unterschiedlich, sie leben verschieden, machen individuelle Erfahrungen, pflegen und nutzen ihre Seele und ihr Selbst höchst subjektiv. Auch die Wissenschaften erklären Seele und Selbst nach dem Weltverständnis.

Die verschiedenen Sichtweisen

Naturwissenschaftliche Sicht

Naturwissenschaft und damit vor allem der Behaviorismus, z. T. auch die Medizin, gehen von einer vorhandenen, physisch-materiellen Substanz aus. Auch die Psychologie folgte dem Behaviorismus. Dennoch waren Aussagen über das mentale Innenleben und damit über die Seele nur möglich, wenn sie allgemein überprüfbar, Logik und Verstand zugänglich waren. Deshalb verzichtete die Psychologie auf mentales Innenleben und Introspektion und beschrieb stattdessen das Verhalten.

Neuerdings haben jedoch aktuelle Forschungsergebnisse mit langjährig praktizierenden Buddhisten gezeigt, dass sich seelische Zustände durch Meditation herstellen lassen. Dadurch erkannte man, dass Hirnfunktionen und geistige Leistungen in diesem Zustand deutlich anders und feiner waren als beim normalen Denken (vgl. dazu u. a. Daniel J. Stegel, Das achtsame Gehirn, Freiamt 2007).

Konstruktivistische Sicht

Konstruktivismus geht von der Annahme aus, dass jeder Mensch seine und jede Gruppe von Menschen ihre Sichtweise von Welt- und Innenleben selber konstruieren. Das lässt sich erklären aufgrund der unterschiedlichen Lebenszusammenhänge, der familiären und schulischen Erziehung sowie der gesellschaftlichen Prägung und Offenheit. Das bedeutet: Nutzung und Ausprägung von Seele und Selbst sind primär individuell. Entscheidend sind die persönlichen Erfahrungen, Ziele und Anstöße für eine Selbst- und Lebensgestaltung. Es geht also darum, bei jedem Einzelnen ein Bewusstsein für die Chancen der Seelen- und Selbstentwicklung zu fordern. Deshalb gehen Berater und Therapeuten zunehmend davon aus, „dass es für die Lösung von Problemen oder die Heilung von Leiden vor allem darum geht, dem Klienten Wege zu besseren, für ihn nützlicheren Wirklichkeitskonstruktionen zu ermöglichen". (J. & Th. Dietz, Selbst in Führung, Paderborn 2007, S. 98)

Spirituell-religiöse Sicht

Seele und Selbst sind im Buddhismus ein innerer Zustand, der gleichzeitig leer und mit der Fülle des Lebens verbunden ist. Aus diesem Leer-Zustand entwickeln sich dann die Seelenzustände wie Achtsamkeit, Mitgefühl u. a. Für christliche Mystiker bedeutet „Seele eine Art Vereinigung mit Gott". Dabei ist Gott nicht außerhalb, sondern in einem selbst. Jeder hat also einen göttlichen Kern. Daraus ergibt sich für unseren pragmatischen Ansatz folgendes Bild von Seele und Selbst.

1.5 Die Seele als unser Selbst

Seele und Selbst sind innere, spirituelle Phänomene, die im Unbewussten verankert sind. Wie sehen sie aus?

Seele ist kein Organ. Sie ist die immaterielle Substanz unseres Körpers und des Gehirns. Auch unseren Geist können wir nicht sehen und doch füllen Seele und Geist das Gefäß Körper. Sie sind der Spirit unseres Körpers und unseres Lebens. Ohne Seele und Geist können wir nicht überleben, sind wir nicht gesund, denn unser Leben wird getragen von Seele und Geist. Sie sind die Energiefelder unseres Lebens.

Energiefelder des Lebens

Im Lexikon wird Seele als „das allen Lebewesen eigene Prinzip des Lebens" definiert: Die Seele beeinflusst mit ihren Schwingungen und Botschaften sowohl den Körper wie den Geist. Sie ist also ein Segen für das Leben, die eigentliche Lebenskraft: Sie kann uns glücklich und gesund machen und unserem Leben Frieden und Harmonie bringen.

Die Seele ist jene Kraft in uns, die uns „beseelt", die uns gut stimmt, beflügelt, die Freude und Begeisterung in uns auslöst, die uns Orientierung und Sinn im Leben gibt.

Die Seele ist also eine persönliche, im Unbewussten, in der rechten Gehirnhemisphäre bzw. in unserem Herzen beheimatete Kraftquelle. Sie ist so etwas wie ein großer Geist in uns, der uns Harmonie, Frieden, innere Stimmigkeit geben kann.

Seele bildet sich in der Verbundenheit in uns, z. B. durch Gewissensbildung, das Seelen- und Geist-Coaching, aber auch durch die Verbundenheit zur sozialen Mitwelt, durch innige Beziehungen sowic zu Natur und Kosmos. Seele bildet, entfaltet sich aber auch durch Verbundenheit mit höheren geistigen Wesen, mit Gott.

Eine so sozialisierte bzw. gecoachte Seele kann sowohl positive wie auch negative, teuflische Prägungen erfahren. Das folgende Schaubild verdeutlicht den Zusammenhang (vgl. A. Bucher, a.a.O., S. 33).

Die Seele verleiht uns Menschen unsere Persönlichkeit. In der Person sind Seele, Körper, Geist, unser Selbst eins. Die Seele braucht den Geist und den Körper, um sich bewusst zu machen, um wahrgenommen zu werden und um sich mitzuteilen. Schon Aristoteles beschreibt den Geist als die Kraft der Seele, welche denkt und Vorstellungen bildet. Auch unser Selbst lässt sich als geistig-mentales Konstrukt bezeichnen, das sich z. B. als Selbstkonzept und Selbstwertgefühl darstellt.

Aspekte des Seelenverständnisses

Gott, höheres Wesen

Natur Kosmos

Persönliche Seelen-Verbundenheit zu

Soziale Beziehungen, Mitwelt

eigenes Inneres, Gefühle, Vorstellungen

Positive Prägungen Gewissens- bzw. Seelenbildung

Negative, teuflische Sozialisation

Wir können also davon ausgehen, dass Seele, Geist und Selbst in einem engen Zusammenhang stehen.

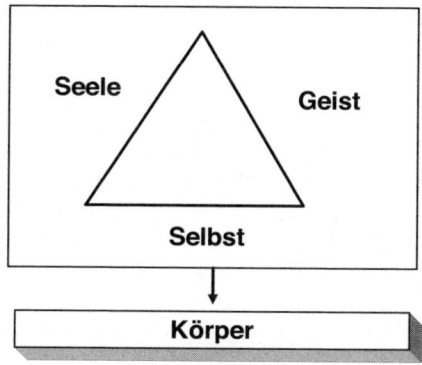

Die Selbstbildung, das eigene Wohlbefinden, die Vitalität entstehen demnach durch Seele und Geist. Seele und Geist prägen die Struktur, die Qualität des Selbst, das Selbstkonzept und das Selbstbewusstsein. Sie sind die Basis für Selbstliebe, Selbstvertrauen, Selbstbetrachtung, Selbstsicherheit, Selbsterkenntnis und Selbstverwirklichung. Seele und Geist sind also die entscheidenden inneren Prägungsinstanzen unseres Selbst und damit auch unseres Körpers. Richard Schwartz (Systemische Therapie mit der inneren Familie, Stuttgart 2003) erkannte: „Sobald sich die Klienten im Zustand des Selbst befinden, scheinen sie zu wissen, was zu tun oder zu sagen ist, um unserer Persönlichkeit zu helfen." Das bedeutet auch: Ruhe, Besinnung, Entspannung, Meditation sind Wege, um in unser Selbst zu gelangen und dort die Seele-Geist-Qualitäten wie Zuversicht, innere Sicherheit, Vertrauen, Mitgefühl u. a. freizusetzen bzw. entstehen zu lassen.

Die Seele als Urkraft in jedem

Hinter allem Geschehen steht nach Ansicht von Willigis Jäger, dem Benediktiner und Zen-Meister, eine heilende Kraft, eine Bewusstheit bzw. eine Energie, die wir rational nicht erfahren können. „Man kann sie schlechthin „Leben" nennen, das sich in allen Formen materiell, psychisch und intellektuell gleichermaßen – selbst feiert." (Interview mit Willigis Jäger, in: Natur und Heilen 2, 2008, S. 29).

Eine solche Urkraft wartet darauf, von uns geweckt zu werden. Es ist für Willigis Jäger eine Energie, die vor unserem Denken, Fühlen und Handeln liegt. Da wir zuerst geistige Wesen und nicht primär materielle Körperwesen sind, kommen die eigentlichen Kräfte aus der Tiefe unseres menschlichen Seins. Es sind seelische Urkräfte, die das Lebendige, das Antriebs- und Orientierungspotenzial in jedem von uns darstellen.

Wichtig ist dabei, den Anschluss an dieses Potenzial zu erhalten bzw. zu bekommen, einen direkten Kontakt zu den ordnenden, harmonisierenden und heilenden Lebens- und Seelenkräften herzustellen. Das kann geschehen über unser Medium „Gehirn", durch Entspannung, Meditation, Visualisieren, Achtsamkeit und Mind-Coaching.

Für Willigis Jäger ist der Ort, an dem wir unseren wahren Kern erfahren, das alltägliche Leben. „Der Alltag ist das Ziel. Das Leben liegt im Augenblick und sonst nirgendwo. Die Achtsamkeit im Hier und Jetzt ist die Hausaufgabe unseres Lebens. Sie bedeutet Offenheit für das Eigentliche." (Ders. Ebenda, S. 33)

Die Seele als Teil der Persönlichkeit

Im Alltag empfinden wir manchmal unterschiedliche Teile unserer Persönlichkeit. Wir fühlen uns schlecht, sind schlecht gelaunt. Ein anderes Mal sind wir nüchtern, betrachten die Dinge rational, ohne Gefühl. Dann empfinden wir uns besinnlich, nach innen gekehrt, beseelt. In solchen Situationen melden sich die Teile unserer Persönlichkeit.

Es gibt eine lange Diskussion – z. B. in der Psychologie – über das Thema Teilpersönlichkeit (vgl. Ingeborg & Th. Dietz, Selbst in der Führung, Paderborn 2007, S. 64 ff.). C. G. Jung erkannte, dass wir viele Bewusstseinsformen in uns tragen. Schon 1935 sprach er von Komplexen, die „eine kleine eigene Persönlichkeit bilden... die sich wie eine ‚Teilpersönlichkeit' benehmen." Jeder Teil der Persönlichkeit ist ein komplexer Zustand, bestehend aus Bewusstem und Unbewusstem, aus Gedanken und Gefühlen, aus Sichtweisen, Impulsen und Empfindungen.

Neben dem Mind mit seinen bewussten und unbewussten Teilen sind unser Körper, unser Selbst und unsere Seele Teilkomplexe unserer Persönlichkeit und damit unseres Lebens. Die Seele wird wie die anderen Persönlichkeitsteile geformt, sozialisiert, von inneren und äußeren Einflüssen geprägt. Sie ist Teil unseres Unbewussten und äußert sich über unser Bewusstsein, sendet Impulse und beeinflusst uns.

1.6 Seele, Meditation und Intuition

Spiritualität bedeutet so viel wie „Spirit", Geist, im Sinne von Karl Rahner „Leben aus dem Geist". Deshalb kann Spiritualität als der „Übersetzungskanal" der Seele verstanden werden. Die unbewussten seelischen Impulse und Botschaften werden mit Hilfe mentaler spiritueller Formen bzw. Methoden aus dem Unbewussten in unser Bewusstsein transportiert. Das geschieht z. B. durch Meditation, Intuition, Gebet, Entspannung, aber auch durch gezieltes Mentaltraining, durch Seele-Geist-Coaching (Mind-Coaching). Die Spiritualität hilft uns so, bewusste, konkrete Erfahrungen zu machen wie z. B. Zuversicht, Glaube, Hoffnung, Liebe, innige Beziehung.

Die Seele schickt uns ständig Vorstellungen, Bilder, Gefühle, Werte, Orientierungen für unser Denken und Verhalten, für unsere Orientierung und Sinnbildung, für unser Wohlbefinden und die körperliche und geistige Vitalität. Oft nehmen wir diese Schwingungen oder Botschaften im Lärm des Alltags nicht wahr.

- Die Seele hat es in einer seelenlosen Zeit wie heute schwer, sich Gehör zu verschaffen.

- Die Seelenquellen können auch verschüttet sein, z. B. bei Dauerstress und Ruhelosigkeit. Ihre zarte Stimme bleibt dann ungehört. Die Seele kann verdunkelt werden, z. B. bei einer Depression.

- Die Seele und auch unsere „innere Stimme" werden oft nicht gehört, weil wir sie durch unsere materielle, äußere Denk- und Handlungsweise überdecken. Ökonomisch-Materielles ist uns oft wichtiger.

Bei der Diskussion um arme und verwahrloste Kinder hört man oft nur eine Antwort: die finanzielle Förderung. Wichtiger als Geld wären jedoch die seelisch-emotionale Zuwendung, Liebe, Hoffnung, Glaube an sich selbst, Zuversicht, Lebenssinn und Lebensmut als seelische Kräfte.

Schlechte Seelenschwingungen führen oft zu Krankheiten des Organismus, z. B. zu Depressionen, zu Verstimmungen, zu Zellirritationen und gestörter Zellenergie. Leiden und Blockaden können in vielen Lebensbereichen hervorgerufen werden. In einer seelenlosen Zeit häufen sich oft seelisch-bedingte Zivilisationskrankheiten und Beziehungsstörungen wie z. B. Streit, Konflikte, Partnertrennungen, fehlende Fürsorge und gestörtes Mitgefühl. Der Geist und die Seele einer Gesellschaft prägen sowohl den Einzelnen wie auch die Gemeinschaftskultur, Gesundheit, Wohlbefinden, Stimmungstiefe und Lebensfreude.

Wenn unsere Seele Gutes erfährt, wird der Mensch

- freundlicher, liebevoller, einfühlsamer,
- sanfter, friedvoller, glücklicher,
- hoffnungsvoller, gläubiger

Jeder von uns kennt solche Menschen.

Vielleicht kennen Sie auch Menschen, die unangenehm, pessimistisch, grob, unehrlich, intolerant sind. Die Menschen nähren ihre Seele mit schlechten Botschaften, Tugenden, Gedanken und Verhaltensweisen und werden von einem „seelenlosen Umfeld" geprägt.

- Seele braucht also ständig Pflege, verlangt von jedem von uns Offenheit und Lebenskunst. Unsere Seele verlangt genauso nach Nahrung wie Körper und Geist.

Wird die Seele überhört, fällt uns das Leben schwerer, fehlt die Orientierung, entsteht Disharmonie in Körper und Geist, auch seelische Verstimmungen, Gesundheitsstörungen und Krankheiten.

Es ist also höchste Zeit, die Seele mit ihren vielfältigen Verbundenheiten wieder mit Körper, Geist und Leben zu verbinden, zu integrieren, sie zu pflegen, ihre positiven Effekte zu nutzen.

„Die Psychologie muss sich von der Vorstellung verabschieden, dass Religion der seelischen Gesundheit schade: Der Glaube macht häufiger gesund als krank."

Heiko Ernst, Chefredakteur „Psychologie heute"

In dem „Handbook of Religion and Health" (König u. a., 2001) werden mehr als 1000 empirische Studien zum Verhältnis von Spiritualität und Gesundheit ausgewertet. Es zeigten sich überwiegend positive Effekte auf Psyche und Körper.

1.7 Seelisch-spirituelle Lebensqualität

Seele besitzt nicht nur einen positiven Effekt auf Gesundheit und Krankheit, sondern auch auf die Lebensqualität. R. Gomez & J. W. Fischer (Domains of Spirituell Well-being, 2003, S. 35) haben ein Konzept von Seelenkräften im Leben entwickelt. Dieses Wohlbefinden beziehen sie auf vier Bereiche:

- persönlich (Sinn, Werte, Lebensziele)
- gemeinschaftlich (Qualität der zwischenmenschlichen Beziehungen)
- Umgebung (Natur, Kosmos)
- Transzendenz

Daraus ergeben sich folgende persönlichen Seelenkräfte sowie Seelenkräfte der gemeinschaftlichen, Umgebungs- und Transzendenzbereiche. Siehe folgendes Schaubild (nach Gomez):

Persönliche Seelenkräfte

Persönliche, gute, positiv-aufbauende Seelenkräfte	Schlechte, destruktive, krankmachende Seelenkräfte
– Lebensfreude, Lächeln	– Freudlosigkeit
– innere Bereicherung	– Denk- und Gefühlsstarre
– Selbstvertrauen	– Verzweiflung
– Lebenswille	– Angst
– Lebenssinn	– Hoffnungslosigkeit
– Mitgefühl	– innere Leere
– Anerkennung	– Ausgebranntsein
– harmonisches Miteinander	– Antriebsschwäche
– Selbst-Bewusstsein	– dauernde Müdigkeit
– Glaube	– negatives Denken
– Hoffnung	– Schlafstörungen
– Liebe, Friede	– Depression
– Zuversicht	
– Zuneigung	
– Stimmigkeit	

Gute wie schlechte Seelenkräfte entstehen sowohl aus dem Verhalten, aus Gedanken und Worten, wie aus überpersönlichen Quellen, z. B. Sozialisation, Religion u. a.

Überpersönliche Seelenkräfte

Gemeinschaftlich	Umgebung	Transzendenz
1. Freundlich sein zu	1. Naturkräfte	1. Beziehung zu Gott
2. Andere lieben	2. Verbundensein mit Natur	2. Gott verehren
3. Vertrauen zu anderen	3. Ehrfurcht vor Natur	3. Friede mit Gott
4. Andere respektieren	4. Harmonie	4. Einssein mit Gott
5. Anderen vergeben	5. Einssein mit Natur	5. Gebetsleben

Diese Seelenkräfte müssen allerdings gepflegt, geschützt und entwickelt werden.

Nahrung für die Seelenkraft

Sowohl der Körper wie der Geist und die Seele brauchen gute und vielfältige Nahrung, um sich gesund und wohl zu fühlen.

Wir brauchen also Nahrung zum Überleben, vitale, energievolle Lebensmittel. Das gilt gleichermaßen für Körper, Geist und Seele.

Wir unterscheiden bei Körper, Geist und Seele

• gute Nahrung und
• schlechte Nahrung.

Der Körper kann auf Dauer nur durch vitalstoffreiche, naturbelassene Lebensmittel überleben. Das gilt auch für den Geist, sowohl für native Brainfood wie positiv-aufbauende Gedanken und Vorstellungen. Auch die Seele braucht Nahrung, um Seelenkraft bzw. „Seelenheil" zu entwickeln. Jeder ist dafür verantwortlich, sich die Quellen der Körper-, Geist- und Seelenkräfte zu erschließen. Das geschieht durch entsprechendes Verhalten, durch Gedanken und Vorstellungen, durch Lebensweise und aus dem Glauben.

Schlechte und einseitige Nahrung schadet sowohl dem Körper, dem Gehirn, dem Geist und auch der Seele. Das führt allgemein zu Mangelerscheinungen. Bei der Seele zeigt sich das z. B. in einem Gefühl innerer Leere, in Lustlosigkeit, in fehlender Freude, in Schwäche und Betrübtheit, ja sogar in Depression.

Auf dem seelischen Speiseplan sollte daher alles stehen, was uns inspiriert, innerlich bewegt, begeistert, Sinn schenkt und entzückt. Dazu gehören auch Liebe zum Leben, Erfülltsein von etwas, von Musik, Spaziergängen, von Begegnungen und auch von erfüllender Arbeit. Zum seelischen Speiseplan sollten auch Besinnung und Zeit für sich selbst, ein schönes Leben in einer entspannten, vertrauensvollen und seelisch ausgeglichenen Lebensatmosphäre gehören. Keine gute Seelennahrung sind z. B. reduzierte Begegnungen, bei denen nur Worte oder Sachverhalte ausgetauscht werden. Anders bei Beziehungen, in denen Sprache in den Hintergrund tritt und Anerkennung, Zuneigung, Verständnis, Zuversicht und Stille mitschwingen, in denen sich zwei Seelen gegenseitig wertvolle Nahrung schenken, wie z. B. Liebe, Trost, Hoffnung.

Übung: In einen aufbauenden Seelenzustand kommen

Wenn Sie eine schon länger anhaltende schlechte Stimmung oder ein unerklärliches, destruktives Handeln regulieren wollen, dann können Sie folgende Schritte eines Selbstcoachings durchführen:

1. Setzen Sie sich in aller Ruhe an einen Ort, wo Sie nicht gestört werden. Entspannen Sie sich – vielleicht mit einer begleitenden Alpha-Musik.

2. Beobachten Sie Ihren Atem und lassen Sie alle Gedanken und Gefühle unbeachtet wie auf einer Wolke am Himmel vorbeiziehen.

3. Suchen Sie in diesem Zustand der Leere, der Entspannung, eine Situation aus Ihrem eigenen Leben, in der Sie gut gelaunt, bei bester Stimmung waren. Holen Sie sich dieses Bild vor Ihr geistiges Auge, verstärken Sie es. Was sehen Sie, was hören Sie, was empfinden Sie? Sehen Sie im inneren Bild noch andere freudige Personen? Holen Sie dieses Bild nahe an sich heran und genießen Sie es.

4. Bilden Sie sich danach noch eine Vorstellung, ein Bewusstsein von der Aussage der Hildegard von Bingen: „Die Freude ist das vitalste Lebenselement." Meditieren Sie dazu.

5. Überlegen Sie nun, wie Sie diesen Seelen- und Selbstzustand in den Alltag übertragen können. Suchen Sie zwei Situationen der Lebensfreude.

Gesundsein als spirituelle Vitalität

In unserer Zeit der Hektik, „Besinnungs-losigkeit" und des materialistischen Bewusstseins sind viele Menschen spirituell unterernährt. Denken, Fühlen und Handeln sind bei vielen nicht gesundheitsfördernd. Körper, Geist, Seele und Lebensweise brauchen den Gleichklang, um Gesundheit und Vitalität zu stärken. Für Willigis Jäger (in Natur und Heilen, 2, 2008, S. 30) bedeutet das:

„So ist eine Krankheit weit mehr als nur die Symptome, die uns plagen. Sie verweist auf wichtige Zusammenhänge, die wir infolge von Stress oder falscher Lebensführung aus dem Blick verloren haben. So kann eine schwere Krankheit ein Hinweis dafür sein, dass mein Leben in dieser Richtung nicht mehr weitergeht. Ich habe mich umzusehen, wo die neue Richtung für mein Leben auf mich wartet. Krankheit kann mir sagen, dass ich eine Deutung meines Lebens auf einer transzendenten Ebene brauche. Vielleicht habe ich zu sehr in materiellen Dingen nach Erfüllung gesucht."

Weil viele Menschen heute spirituell unterversorgt sind, fehlen ihnen Lebenssinn, Lebensfreude, Zuversicht, Hoffnung, Liebe u. a. Für Viktor Frankl leiden diese Menschen an einer „noogenen Neurose", d. h. an einer Neurose, die nicht psychischer, sondern existenzieller Natur ist. Die Krankheitssymptome sind daher nur die Spitze des Eisbergs. Hinter der eigentlichen Krankheit liegen die seelischen Defizite, die existenziellen Grundfragen des Lebens, z. B.: Wer bin ich? Warum lebe ich? Woher kommt meine Energie? Wie lebe ich ganzheitlich? Für Willigis Jäger ist klar, „dass wir erkranken, wenn unsere körperlichen Grundbedürfnisse wie Atmen, Essen, Trinken usw. nicht gedeckt werden. Wir werden aber genauso krank, wenn unsere spirituellen Grundbedürfnisse nicht erfüllt werden. Das spüren aber die wenigsten Menschen. Sie merken nicht, dass sie spirituell unterernährt sind. Sie leiden an einer Hypertrophie der Ratio und des Personalen. Es fehlt ihnen die Erfahrung der Einheit."

Die eigentliche Lebensenergie erschließt sich neben einem vitalen Lebensstil, einer vitalen Ernährung und mentalen Kompetenz (vgl. Franz Decker, Der Dreiklang für ein vitales, gesundes Leben, Petersberg 2007) in Kontakt mit den seelischen Lebenskräften, unserem wahren Wesen.

Krankheiten entstehen u. a. durch einen ungesunden Lebensstil, durch falsche Ernährung und falsches Denken sowie psychische Fehlentwicklungen.

Doch viele große Lebenslehrer und Heilige lebten mit Krankheiten, aber im engen Austausch mit ihrem Seelenleben. Teresa von Avila und Hildegard von Bingen waren zeitlebens krank. Sie besaßen die seelischen Kräfte, die geistige Energie, ihr Leben sinnvoll zu gestalten. Sie haben Gesundheit mit Spiritualität in Einklang gebracht. Sie waren innerlich heil. Heil meint viel mehr als ein Leben voller Gesundheit und Erfolg. Heil bedeutet, den Sinn seines Lebens, innere Zufriedenheit, Glaube, Hoffnung und Liebe gefunden zu haben. Kranke Menschen können innerlich ausgeglichen und heil sein, gesunde und erfolgreiche dagegen unglücklich und unzufrieden. Es geht also darum, im Leben Erfüllung zu finden.

1.8 Die Seele als Navigator der Lebenskunst

„Nimm das Leben an und mach das Beste draus." Dazu gehört jedoch Lebenskunst. Die Seele ist dabei Navigator, d. h., wir müssen achtsam sein auf die Momente, in denen sich die Seele meldet, um ihre Bedürfnisse und Vorstellungen anzumelden. Sie will, dass wir als Menschen wohlgestimmt sind, harmonisch im Körper, Geist und Gefühl, dass wir glücklich sind. Das ist das natürliche Balancesystem, das Prinzip der Homöostase in uns. Körper und Geist streben ständig ein Fließgleichgewicht an. Die Seele ist der Impulsgeber für diese Regulation. Wir müssen nur auf sie hören. Die Hektik, der Stress des Lebens, dieses Außengeleitetsein vieler Menschen und der fehlende Blick nach innen, auf das Hören auf die Seele und die Pflege der seelischen Quellen verhindern Balance, Wohlgestimmtheit. Glücklichsein hat auch eine seelisch-spirituelle Wurzel. Glück bedeutet Stimmigkeit. Unsere Seele ist kein Turboprozessor, kein Motor, der auf vollen Touren laufen kann. Die Tempomentalität lässt die Seele verstummen bzw. krank werden. Die Seele braucht Zeit zur Besinnung, Ruhe zum Hinhören, z. B. in das Herz, ein ausgeglichenes Leben.

Die Kunst des Lebens besteht in der Ausgeglichenheit, im Gleichgewicht der Lebenskräfte, verlangt, achtsam mit Körper, Geist und Seele umzugehen. Dazu gehört auch, dem Wichtigen und Wertvollen im Leben Gewicht zu verleihen und zugleich unnötigen Ballast abzuwerfen. „Bodenhaftung und Offenheit, verwurzelt und frei leben, erdverbunden und himmelwärts", wie es bei A. Grün (Das Buch der Lebenskunst, Freiburg 2007, S. 7) heißt.

Seelisches Gleichgewicht ist nichts anderes als ein geglücktes Leben, ein Leben im Gleichgewicht, allen Kräften in mir Beachtung schenken, Lebensfreude und Besinnung pflegen. Dazu zwei Zitate von Theodor Fontane und Thomas Morus.

Lebensfreude

„Leicht zu leben ohne Leichtsinn,
heiter zu sein ohne Ausgelassenheit,
Mut zu haben ohne Übermut –
Das ist die Kunst des Lebens."
Theodor Fontane

„Herr, schenke mir eine Seele,
der die Langeweile fremd ist,
die kein Murren kennt, kein Seufzen
und Klagen, und lasse nicht zu,
dass ich mir viele Sorgen mache,
um dieses Etwas, das sich so breit macht
und sich „Ich" nennt. "

Thomas Morus

1. Die Seele führt uns durchs Leben

Im Alltag spürt unsere Seele, wenn uns Dinge begegnen, die beseelt sind oder auch nicht. Beseeltes wie z. B. eine Begegnung mit einem liebevollen Menschen, mit dem wir auf einer geistigen Ebene sind, stärkt und „bildet" unsere Seele. Es sind die inneren Empfindungen und Erfahrungen, die uns ansprechen. Viel Vergnügen, Action, schnelles Erleben, materieller Wohlstand oder auch große Reisen führen selten zur Seelenbildung, weil die Fühler unserer Seele davon nicht berührt werden. Es fehlen Ruhe, Stille und eine bestimmte Atmosphäre. Die Antenne unserer Seele, ihre Rezeptoren, nehmen die Botschaften und Schwingungen nicht auf, kommen nicht zum eigentlichen Kern, meinem Selbst.

Das erklärt auch die Unzufriedenheit vieler Menschen, die zwar materiellen, fachlichen Erfolg haben, aber ihre Seele kommt nicht mit, sie fühlt und stärkt sich nicht. Die Innen-Außen-Balance fehlt. Kann unsere Seele jedoch beseelenden Kontakt zu Menschen, zur Natur, zu Lebensereignissen aufnehmen, so wird sie gestärkt, weitergebildet und sorgt für inneren Ausgleich.

Die Seele lässt sich dabei mit einer zarten Blütenknospe vergleichen, die sich öffnet, wenn die Situation durch seelisches Miteinander geprägt ist. Diese Seelenkräfte gibt uns die Seele wieder zurück. Sie stärkt unsere Liebe, unsere Zuversicht, unsere Lebensfreude. Deshalb gilt, was W. Müller (Auf der Suche nach der verlorenen Seele, Kevelaer 2006, S. 17) sagt:

„Überlassen wir der Seele die Führung in unserem Leben, erfasst und durchweht sie alles in uns. Von ihrer Mitte her durchstrahlt sie unseren Leib, unser Herz, unsere Gedanken, alles, was uns ausmacht und von uns ausgeht. Sie beseelt uns und unser Tun."

Eine solche Seelenkraft führt uns in unserem Leben, in Begegnungen, in Krisen und körperlichen Beschwerden. Sie hilft uns, wenn wir schlecht drauf sind oder trauern. Sie bewegt uns, gibt uns Lebenskraft.

„Die Seele wird als Ausdruck des totalen Lebendigseins eines Menschen verstanden. Die Seele ist eine Ganzheit, die von Kraft erfüllt ist. Diese Kraft lässt die Seele wachsen und gedeihen, so dass sie sich selbst erhalten und ihre Arbeit in der Welt verrichten kann. Diese Lebenskraft, ohne die kein lebendiges Wesen existieren kann, nannten die Israeliten Barach-Segen. Segen ist also das jüdische Wort für Seele."

Matthew Fox (in: Sheldrake, Fox, Die Seele ist ein Feld, München 1996).

Daraus folgt: Wir sollten uns ständig bemühen, unserer Seele Gelegenheit der Stärkung, der Bildung und uns Momente der Ruhe und Besinnung zu gewähren, und dann der Seele zuhören, damit sie uns Sinn, Orientierung, Zuversicht, Lebensfreude und Ausgeglichenheit gibt.

2. Die Seele sorgt für Ausgeglichenheit

Unsere gestärkte Seele sorgt dafür, dass es uns seelisch gut geht, wenn wir z. B.

• ein ausgewogenes, ausbalanciertes Leben führen,
• eine Work-Life-Balance halten,
• Zeit für uns persönlich, zur Besinnung , zur Stille finden,
• beseelte Augenblicke im Alltag mit einplanen.

Wenn ich den Tag mit hektischem Tun fülle, meine gesparte Zeit mit weiteren Tätigkeiten vollstopfe, mich abstrample, lasse ich meine Seele außer Acht. Sie wird sich dann eventuell auflehnen und mich seelisch krank machen. Sie wird das tun, weil sie der Hüter meines Lebens ist. Wenn es mir jedoch gelingt, der Seele Platz in meinem Leben zu gewähren, geht es mir gut, nicht nur oberflächlich. Die Seele „bedankt" sich dann mit dem Gefühl von Ausgeglichenheit, von innerem Frieden, mit Freude, Gelassenheit und Erfüllung. Es kommt auf die Balance zwischen innerer Entwicklung und äußerem Tun an. Planen wir also mehr Augenblicke, zu denen wir sagen können: „Verweile doch, du bist so schön."

3. Starke Seele entsteht im Leben

Wir werden nicht mit einer vollkommenen Seele geboren. Sie muss vielmehr im Leben gestärkt, weiterentwickelt, gebildet, programmiert werden. Die Kräfte der Gedanken und Vorstellungen, der mentalen Besinnung, der Meditation und des Gebetes sind dabei genauso Entwicklungskräfte wie der Kontakt mit äußeren Dingen, mit Begegnungen und der Natur. Seelenstärkung ist auch ein zielgerichteter, geplanter Coachingprozess im Leben. Schon Meister Eckhart sagte:

> *„Gott freut sich, wenn deine Seele größer wird, und das heißt nichts anderes, als dass es an der Zeit ist, die Seele größer zu machen."*
> Sheldrake, Fox 1996, S. 89

Es geht also darum, die eigenen Seelenkräfte zu bilden, zu pflegen und zu nutzen, zum Fließen zu bringen, damit sie Körper, Geist und Leben durchdringen und formen.

Übung: Entspannt den Alltag erleben

Diese Entspannungsübung lässt sich im Verlauf eines Tages, z. B. in der Schlange an der Kasse eines Supermarktes, im Zug oder Bus, vor einer roten Ampel machen. Sie will helfen, belastende Gedanken zu vertreiben, frei zu sein für einen seelisch-sinnvollen Augenblick. (David Harp, Drei-Minuten-Meditation)

Durchführung

- Stehen Sie mit beiden Füßen gleichmäßig belastet parallel da.
- Ihr Kopf schwebt am Faden eines Luftballons nach oben, so dass sich Ihr ganzer Körper streckt.

- Atmen Sie tief ein und stellen Sie sich dabei vor, dass Ihr Atem nach Tannenduft oder nach salziger Meerluft riecht bzw. schmeckt. Er durchzieht Ihren ganzen Körper und verlässt diesen an den Zehen, bevor neue Frischluft einströmt.
- Entspannen Sie während des Atemvorgangs Ihre Schultern und den Nacken. Lassen Sie alle Anspannung aus Ihrem Körper hinausfließen.
- Zählen Sie während des Ein- und Ausatmens von eins bis sieben. Sie können sich auch während des Atmens einen Moment of Excellence, z. B. eine Urlaubssituation, die entspannend war, vorstellen.
- Sagen Sie dabei: Ich bin entspannt und unbeschwert. Ich freue mich des Lebens. Genießen Sie diesen Augenblick.

Kommen Sie nun ins Hier und Jetzt zurück, strecken Sie sich kurz.

Entspannung ist eine Tür zur Seele. Ohne Entspannungsoasen können wir unsere Seelenkräfte nicht nutzen. Deshalb ist es wichtig, täglich immer wieder Verschnaufpausen einzulegen.

Es lässt sich also sagen: Unsere Seele ist der Navigator in unserem Leben, der uns den Weg weist, der uns aber auch die Freiheit lässt, anders zu entscheiden, z. B. zu leben nach dem Zeitgeist: hektisch, unkonzentriert, stressig, ohne Besinnung. Wenn wir uns jedoch dem Navigator Seele anvertrauen wollen, um gesund, glücklich und ausgeglichen zu sein, müssen wir anders leben, unser Leben ändern, brauchen wir Lebenskunst.

> Die Seele braucht Ruhe, Besinnung, Zeit, Leichtigkeit und Freude. Das ist die Nahrung für eine erfolgreiche Lebens-Navigation.

Die Seele als Weg zur Lebensgestaltung

Im Folgenden lassen sich sieben Seelenwege für ein erfülltes Leben nennen:

1. *Seele als Kraftquelle im Alltag*
   zur Erhaltung und Stärkung der Lebensenergie und der Lebens-Kraft

2. *Seele als Impulsgeber und Mutmacher*
   zur Regulation von Stimmungen und Initiativen.

3. *Seele als Sinn- und Orientierungsgeber*
zur Förderung eines sinn-erfüllten Lebens und als Navigator der Lebenskunst.

4. *Seele als Kraft der inneren „Beseelung",*
die Freude und Begeisterung, die Glücksgefühle auslösen kann, die uns beflügelt und Lebensatem schenkt.

5. *Seele als Quelle der inneren Zuversicht und Zukunftsentwicklung*
als psychosomatische Lebensbalance, um Dunkelheit der Seele zu vermeiden.

6. *Seele zur Stärkung von Glaube, Hoffnung und Liebe,*
um dem Leben und der eigenen Persönlichkeit Halt und Selbstvertrauen zu
geben.

7. *Seele als Weg zu einer überpersönlichen Vertrauensinstanz, zu einem Gott,*
denn religiöse Menschen leben gesünder und zufriedener.

Das erweiterte Seelenverständnis lässt sich also wie folgt zusammenfassen:

• *Die Seele besitzt ein Eigenleben* mit speziellen Vorlieben und Wünschen,
aber auch Abneigungen bei jedem einzelnen Menschen. Sie ist zugleich
aber auch verbunden mit der sozialen Mitwelt, der Natur und der Transzendenz.

• *Das Seelenpotenzial wird gestärkt*
durch bestimmte Lebensverhaltensweisen und Gestaltungskräfte.

• *Die Seele beeinflusst Emotionen und Gefühle.* Man kann glücklich, nieder-
geschlagen, ruhig und gereizt sein, je nachdem, wie unsere unbewussten
Kräfte mobilisiert werden.

• *Die Seele wird von innen und von außen geprägt.* Unsere geistigen Inhalte,
Vorstellungen, Botschaften, Schwingungen, Gefühle und Gebete prägen
unsere Seele genauso wie die unbewussten und bewussten Einflüsse in der
Erziehung, durch den Zeitgeist und aus der Transzendenz.

• *Die Seele kann kommunizieren.* Das geschieht im Inneren, z. B. mit Körper-
zellen, mit dem Geist, aber auch mit der Natur und anderen Menschen (vgl.
Spiegelneuronen: Was ich fühle, fühlst auch du).

- *Die Seele kann heilen.* Durch die Seelenkräfte werden Geist und Körper beeinflusst, ja können positiv und negativ verändert werden. So erfolgt (Spontan-)Heilung, werden Gesundheit gestärkt und Krankwerden vermieden.

- *Die Seele ist der Boss.* Da die Seele der Spirit, die Grundsubstanz, die zentrale Botschaft, die Lebensessenz ist, ist sie Körper und Geist überlegen. Die Seele wirkt vor allem durch den unterbewussten oder tiefen Geist. Besteht Disharmonie zwischen Seele, Körper und Geist, entstehen oft seelische Krankheiten.

- *Seele ist eine sinnstiftende Instanz* zum eigenen Inneren, zum anderen, zur Natur, zum Leben und zur Transzendenz.

2. Die seelisch-spirituelle Intelligenz

„Erst als ich daran ging,
Ordnung in die Seelen
meiner Patienten zu bringen,
hatte ich vollen Erfolg."
Sebastian Kneipp (1821–1897)

Wenn wir uns Zeit nehmen, stehen zu bleiben und darüber nachzudenken, was wichtig ist in unserem Leben, erfahren wir, wie es in unserem Innenleben aussieht, was Körper, Geist und Seele brauchen. Es werden Gedanken und Gefühle geweckt. Wir erhalten die Chance, etwas Neues zu erproben, dem Leben eine neue Ordnung mit neuen Kraftquellen zu geben.

2.1 Die verschiedenen Intelligenzen nutzen

Die Wissenschaft hat lange Zeit geglaubt, unsere kognitive Logik, unser rationales Denkvermögen (Intelligenzquotient – IQ) könnte dazu beitragen, Lebenssituationen zu meistern. Der IQ stand lange hoch im Kurs. Heute wissen wir, dass es nur eine unzureichende Intelligenzform ist.

Emotionale Intelligenz

Eine andere Art von Intelligenz wurde seit den 80er Jahren wichtiger, die emotionale oder gefühlsmäßige Intelligenz, der EQ, der emotionale Intelligenzquotient. Eine solche emotionale Intelligenz äußert sich in Eigenschaften wie

- Begeisterungsfähigkeit
- Lernbereitschaft
- Einfühlungsvermögen
- Mitgefühl

- soziale Kompetenz
- Selbstmotivation u. a.

EQ und IQ – Gedanken und Gefühle – gehören zusammen, um das Leben zu bewältigen.

Die Intelligenz der Seele

In den letzten Jahren erkennt man zunehmend die Intelligenz der Seele, den SQ, den Seelen- bzw. Spiritualitätsquotienten. Ohne sie bleibt das Bild vom „tüchtigen" Menschen unvollständig.

„Die seelische Intelligenz inspiriert uns,

- wenn wir vor existenziellen Schwierigkeiten stehen,
- sie hilft uns, unsere Handlungen in einen weiteren Rahmen zu stellen,
- unser Leben aus einer höheren Perspektive zu betrachten und
- Herausforderungen anzunehmen."

Patricia Tudor-Sandahl, Finde zu dir selbst, Freiburg 2006, S. 110

Wie D. Zohar und I. Marshall in ihrem Buch (SQ-Spirituelle Intelligenz, Bern 2000) nachweisen, ist der Wunsch nach seelischer Entwicklung, nach Visionen, nach Orientierung im menschlichen Gehirn verankert. Die Frage nach dem Sinn des Lebens ist uns angeboren.

Mit Hilfe unserer seelischen Intelligenz
„können wir urteilen, inwieweit das, was wir vorhaben, sinnvoll ist oder nicht".

D. Zohar, I. Marshall, a.a.O., S. 11

Die seelisch-spirituelle Intelligenz ist nach Meinung der Wissenschaftler die eigentliche Intelligenz. Sowohl die kognitive (I.Q.) wie die emotionale Intelligenz (E.Q.) stützen sich auf sie. Wir brauchen die seelisch-spirituelle Intelligenz, wenn wir uns entwickeln, umstellen und verändern wollen, wenn wir Visionen, Kreativität und Orientierung brauchen. Der SQ hilft uns, eine neue Lebensordnung, eine neue psycho-sozio-mentale Balance zu finden und zu gestalten. Er hilft uns also, mit Bedrückungen, mit Leid und Verzweiflung, mit Stimmungsschwankungen und schlechten Gefühlen besser fertig zu werden, nicht zuletzt, weil uns der SQ auch in unserem Verhältnis zu Glauben und Religion leitet.

Es ist also notwendig, unsere Seele zu ernähren, sie zu entwickeln, aber auch offen zu sein für positive, seelische Einflüsse aus dem Überpersönlichen.

2.2 Seele und Gehirn

Unser Gehirn gilt als die bewusste und unbewusste Steuerungszentrale für Leben und Gesundheit. Wir sind als Menschen die Summe dessen, was wir denken und fühlen, sowie dessen, was aus unserem Unbewussten in uns bewusst wird. Schon Freud benutzte das Bild vom Eisberg, um das Verhältnis von Bewusstem und Unbewusstem zu veranschaulichen. Nur die Spitze ragt aus dem Wasser, etwa ein Siebtel. Sie steht für den bewussten Teil des Verstandes. Der viel größere Teil des Eisberges, das Unbewusste, bleibt verborgen.

Das Modell: Der Eisberg

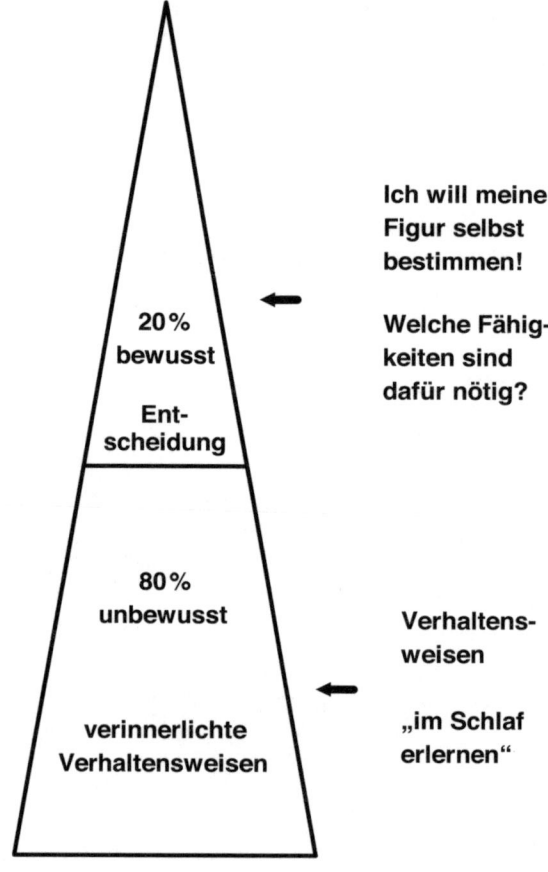

20% bewusst

Ent-
scheidung

80% unbewusst

verinnerlichte Verhaltensweisen

Ich will meine Figur selbst bestimmen!

Welche Fähigkeiten sind dafür nötig?

Verhaltensweisen

„im Schlaf erlernen"

Die Seele wohnt auf der unbewussten, intuitiven Seite unseres Gehirns, unseres Vorstellungs- und Fühlvermögens. Alles ist lokalisierbar in der rechten Hemisphäre unseres Gehirns. Hier bilden und sammeln sich die selbstentwickelten, aber auch die übernatürlichen, natürlichen und mitmenschlichen Seelenimpulse. So entstehen z. B. Lebenssinn, Glaube, Hoffnung und Seelenkraft.

Die Seele nennen manche Menschen auch ihr Bauchgefühl oder ihr Gewissen. Auch diese bilden sich in der unbewussten Gehirnhemisphäre. Clemens Kuby (in Ruediger Dahlke, Das große Buch der ganzheitlichen Therapien, München 2007, S. 443) sagt über das Bauchgefühl oder das Gewissen:

„Ich betrachte sie als meinen individualisierten Geist. Der Geist ist auch der große Geist, wie ihn die Indianer nennen, oder die Allmacht, das All, Allah oder Gott. Stellen Sie sich diese Allmacht wie einen unermesslichen Ozean vor, aus dem Sie eine Tasse schöpfen. Das Wasser in der Tasse ist Ihre Seele – Wasser aus dem Ozean, aber nicht der Ozean selbst."

Im Gegensatz zum Seelenzentrum in der rechten, unbewussten Hirnhemisphäre ist in der linken Hemisphäre die Ratio, die Logik, beheimatet, die wir bisher in unserer Gesellschaft einseitig trainiert haben. So wurden viele Menschen zu vernünftigen, realitätsgläubigen Menschen. Doch das ändert sich heute, ohne Seele und Spiritualität gelingt kein Leben.

Aus unserem Unbewussten, dem Sitz der Seele, empfangen wir ständig Botschaften, Schwingungen, Vorstellungen, Gefühle, Gedankenimpulse, Orientierungen, die wir aber oft nicht ernst nehmen, im Lärm der Zeit überhören.

„Die Seele ist das wichtigste Organ, wenn es darum geht, auf den Gipfel des Glücks zu gelangen. Unsere Seele weiß in jedem Moment, was uns gut tut und was nicht. Wir schenken ihr nur kein Gehör, und wenn doch, folgen wir ihr meistens nicht. Dabei hat die Seele kein anderes Interesse, als Stress zu vermeiden. Die Seele sucht in jeder Situation den Ausgleich, die Harmonie. Sie möchte mit einem Minimum an Aufwand Frieden herstellen, Liebe." (Clemens Kuby, a.a.O., S. 444) Durch seelische Störungen, evtl. durch Krankheiten will die Seele dazu beitragen, Lebenssinn und Neuorientierung zu finden, die Lebensweise zu ändern.

„Denn indem wir unsere Seele vernachlässigen, zwingen wir sie dazu, mit immer stärkeren Mitteln auf sich aufmerksam zu machen. Wenn kleine Missgeschicke nicht reichen, um uns wachzurütteln, werden die Missgeschicke eben immer größer und wachsen sich schließlich zu handfesten Symptomen aus, die unsere Medizin als Krankheiten bezeichnet. Andere Kulturen, die chinesische und die tibetische beispielsweise, haben gar keine Begriffe für Krankheiten. Ihnen zeigen Symptome lediglich an, was energetisch nicht im Gleichgewicht ist. Damit sind sie dem Seelenheil sehr viel näher als unsere Medizin, die das Harmoniebedürfnis der Seele in keiner Weise berücksichtigt." (Clemens Kuby, S. 444).

Es geht also darum, die intuitiven Seelenkräfte in uns zu stärken und uns bewusst zu machen. Die moderne Gehirnforschung zeigt dazu Wege, z. B. durch Entspannung, Visualisierung, Imagination, Meditation.

2.3 Erschließung der Seelenkräfte

Schon im alten Indien war bekannt, dass sich die unbewussten Vorgänge durch Meditation und Entspannung bewusstmachen lassen.

Viele Quellen der Seele lassen sich auch nach neuesten Forschungsergebnissen durch solche Mindmethoden erschließen und nutzen (siehe Schaubild unbewusste Seelenkräfte).

Ein solches Bewusstmachen und aktives Imaginieren wirken sich heilend auf Körper, Geist und auch die Seele aus. Dieser Programmierungs-Vorgang kann bis in die Zellen reichen.

Erschließen der unbewussten Seelenkräfte

Die Seele kann durch Mind-Coaching, d. h. die Erschließung und Programmierung unseres Unbewussten, gestärkt werden. Ergänzt wird eine solche mentale Stärkung der Seelenkräfte in uns durch höhere Quellen überpersönlicher Natur, durch soziale, spirituelle und religiöse Einflüsse. Einsichten, Inspirationen, Seelenkräfte kommen also auch – wie der Atem – von höheren äußeren Einflüssen. Sie führen nicht selten zu „Spontanheilungen" nach dem Motto: „Dein Glaube hat dir geholfen."

Aber erst durch das Zusammenspiel von bewusster und unbewusster Seelenarbeit lassen sich die Quellen der Seelenkräfte erschließen. So kann aus Angst Ermutigung, Geborgenheit und Sicherheit werden.

Engagieren und begeistern Sie sich – bei allem, was Sie tun.

Versuchen Sie, alles mit Freude und Begeisterung, mit Engagement zu tun. Gern getane Arbeit bringt nicht so schnell Stress. Engagement und Begeisterung setzen ungeheure Energien frei.

Versuchen Sie Freude, Begeisterung für das, was Sie denken und tun, zu entwickeln, z. B. durch Mentaltraining. Das gilt sicher nicht für alles im Leben. Begeisterung hilft Ihnen auf jeden Fall, Hindernisse leichter aus dem Wege zu räumen. Lebenskräfte erwachsen aus der seelisch-geistigen Kraft .

Jeden Tag mit Seelenkraft füllen!

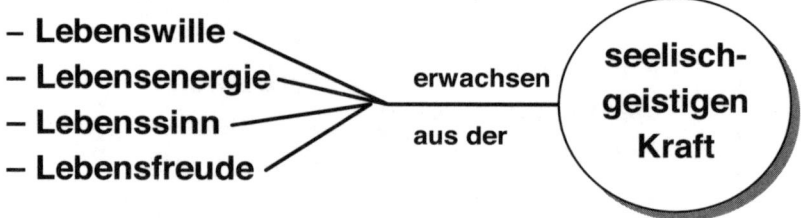

Selbst wenn der Körper krank ist, können Seele und Geist noch Hoffnung, Kraft und Lebenssinn geben.

Falls Sie sich ändern bzw. umstellen wollen oder müssen, versuchen Sie, sich für Ihren neuen Weg, Ihr neues Denken und Verhalten zu begeistern.

„Glück ist im Grunde genommen
nichts anderes als der Zustand,
wenn man aus ganzem Herzen in
eine bestimmte Richtung geht. "
W. H. Sheldon

„Begeisterung ist die Farbe der Inspiration und des Mutes. Sie ist das Licht der Kreativität und Einsicht. Sie verleiht die Tiefe der Gefühle und die Empfindung des Zweckes."
N. Aubein

„Ohne Begeisterung ist noch nie etwas Großes geleistet worden."
R. W. Emerson

Vom Wunsch zum Ziel

Wir haben viele unbewusste und bewusste Wünsche bzw. Sehnsüchte. Es genügt nicht, sich nur etwas zu wünschen.

Meditation: Zur Besinnung kommen

Die Seele hilft bei der Selbstfindung. Wollen wir Zugang zu uns selbst bekommen, um zu wissen, wer wir wirklich sind, welche Potenziale in uns stecken, dann brauchen wir die Erfahrung der Stille. Erst in der Stille finden wir uns selbst und die Zusammenhänge des Lebens.

Diese Stille können wir in der Meditation erfahren, in der wir unser Wollen loslassen, uns selbst vergessen. In diesem „Leersein" können wir mit den Tiefen unseres Selbst in Kontakt treten.

Durchführung:

- Nehmen Sie sich Zeit. Setzen Sie sich entspannt und ungestört hin. Achten Sie auf Ihren Atem und gehen Sie immer tiefer in die meditative Entspannung.

- Versuchen Sie in diesem Zustand des „Bei-sich-Seins" auf folgende Fragen Antwort zu finden:

    Wer bin ich? Wie sehe ich mich?
    Was ist der Sinn meines Lebens, meiner Lebensphase?

Welche Lebensaufgabe habe ich?
Was möchte mein Körper, mein Geist, meine Seele?
Was bringt mir Lebensfreude, was hemmt mich dabei?
Was macht mich glücklich?
Was gibt mir Kraft, Zuversicht, Hoffnung und Mut?
Woran glaube ich?

2.4 Religiöse Menschen leben gesünder

Millionen Menschen pilgern plötzlich auf Wegen in Richtung Santiago de Compostela, was längst als Relikt überkommener Frömmelei verschmäht wurde. Der Spiegel (Spezial 6, 2007, S. 24) sagt dazu:

> „Die Überforderung der modernen Lebens- und Konsumwelt hat eine riesige Sehnsucht nach Heil und Gesundheit provoziert, die nun auch die Angebote abendländisch-christlicher Tradition wieder auf den Plan ruft – inklusive der Kraft der Spiritualität als einer Art Homöopathie Gottes. Die Botschaft des Evangeliums, so scheint es, wird wieder als Lebenshilfe gelesen."

Das Evangelium gilt zunehmend wieder als eine Heilquelle. Der Schlüssel für Heilung und Wohlbefinden könnte die Aussage Christi sein: „Dein Glaube hat dir geholfen." Heilung und Spiritualität sind demnach ein rein geistig-seelischer Prozess. Die Wissenschaft und die moderne Zivilisation haben einen Keil zwischen Verstand und Glauben getrieben und schufen am Ende „ein Weltbild, das den Menschen eher als Maschine oder chemischen Prozess" sah. Das Unbewusste, der Glaube hatten da keinen Platz mehr. Beten galt als Placebo. Inzwischen hat sich das jedoch auch in der Wissenschaft geändert. Gesundheit gilt heute zunehmend als ein mehrdimensionales und dynamisches Geschehen in Körper, Geist und Seele. Hirnforschung, Medizin und Psychologie finden ständig neue Zusammenhänge von Körper, Geist und Seele und ihrem Bezug zu etwas, das außerhalb unseres Selbst liegt. Man spricht sogar von einer neuen Medizin, die „das Heilungszentrum der Seele und die Kräfte der Natur" stärker aktivieren will. Dabei spielen auch die alten Einsichten einer Hildegard von Bingen und des Ordensgründers Benedikt von Nursia eine wichtige Rolle. Immer mehr Menschen suchen heute solche seelischen Kräfte, die unbewussten Glaubensenergien für sich zu nutzen, weil sie spüren, dass eine reine Körperorientierung ohne geistig-seelische Entfaltung nicht ausreicht, um ein harmonisch-gesundes Leben zu führen.

Es ist sehr gut wissenschaftlich belegt, dass gläubige Menschen widerstandsfähiger und seltener von Zivilisationskrankheiten betroffen sind. Ihr Immunsystem arbeitete besser, ihre Lebenserwartung war höher. Das zeigten z. B. Untersuchungen aus den USA aus dem Jahre 1999. Daran beteiligten sich 21 204 Personen zwischen 18 und 89 Jahren. Auch die Untersuchungen von E. R. Straube (Heilsamer Zauber, ISBN 978-3-8274-1377-2) bestätigten, „dass gläubige Menschen eine höhere Lebenserwartung haben". Sie kommen besser mit Schicksalsschlägen zurecht als „Nichtgläubige".

Unsere spirituelle Verankerung – sei sie nun christlich, buddhistisch, hinduistisch, jüdisch, islamisch oder überkonfessionell – ist offenbar „mit sehr viel mächtigeren imaginativen und emotionalen Elementen sowie stärkerer Ergriffenheit verbunden als etwa eine ärztliche Behandlung". (Ders. Ebenda, S. 12)

Die Seele ist also eine vielseitige Kraftquelle für die eigene persönliche Entwicklung und die eigene Lebensgestaltung.

Es hängt wesentlich von jedem Einzelnen ab, wie er sein Leben be-seelt, sich selber coacht, seine eigenen Seelenkräfte entwickelt. Seelen-Coaching gehört deshalb wesentlich zur Selbstentwicklung, zu Gesundheit und Vitalität.

Die göttliche Seele kultivieren

„In religiösen Dingen kann man bekanntlich
nichts verstehen, was man nicht
innerlich erfahren hat."
Carl Gustav Jung

Kennen auch Sie Situationen der Ruhe, der Stille, z. B. am Meer, wo man der Melodie der Wellen zuhörte? Das Plätschern, das rhythmische Rauschen führen uns in eine beruhigende Innenschau, wo wir vielleicht die Regungen unserer Seele verspürt haben. Vielleicht verspürten Sie auch eine solche Situation, als Sie in einer Kirche waren, den Gottesdienst besuchten oder sich zu einem Gebet oder einer Meditation zurückzogen.

Es können Augenblicke, Minuten sein, in der Sie der inneren Stimme Ihrer Seele gerecht wurden. Das bedeutet zugleich: Ich begegne mir selbst in meinem Innern.

> „Jeder ist beziehungsweise sollte zunächst sein eigener Seel-Sorger sein, indem er den Bereich in sich, der für seine Seele steht, würdigt."
>
> Wunibald Müller, Auf der Suche nach der verlorenen Seele, Kaevelaer 2006, S. 138.

Ein solcher Seelenkontakt bedeutet zunächst einmal innehalten, zur Ruhe kommen, in einen anderen Lebensraum eintreten, das Göttliche in uns kultivieren. Schon Plato meinte, dass die Sorge „um sich selbst" die Würdigung der Götter einbeziehen sollte. Thomas Moore war überzeugt, dass wir unsere emotionalen Probleme nicht lösen können, solange wir nicht die geheimnisvolle Erfahrung mit dem Göttlichen machen können, davon ergriffen und beseelt werden.

Rituale, Zeremonien, auch ein Gottesdienst oder ein Gebot, eine stille Hingabe an ein Bild Gottes können zur Kultivierung unserer Seele beitragen und Trost, Zuversicht und Vertrauen wachsen lassen. Wir können alle zum eigenen Seel-Sorger werden, wenn wir solche Rituale, Gepflogenheiten entwickeln und pflegen und so in eine Welt eintreten, die ganz tief in uns vorhanden ist. Eine solche Seelenwelt kann die Antriebskraft für Lebens- und Selbstgestaltung sein. Hier erhält unsere Seele Nahrung, die uns neue Kraft und Lebensenergie schenkt. Unsere Seele braucht allerdings Ruhe und Zeit. Nur so können wir innehalten. Es ist heute allerdings schwer, der Hektik und dem Stress zu entkommen und Augenblicke der Besinnung, der Stille zu finden, um so die göttliche Seele, aber auch Körper, Psyche und Geist zu kultivieren.

3. Die moderne Zivilisation als Störquelle für die Seele

Unsere moderne Zivilisation steht vor einem Umbruch.

Durch Besinnung kommen wir zur Lebensaufgabe.

Welt im Umbruch

„Wir brauchen wirklich nicht viel Aufmerksamkeit, um erkennen zu können, dass unsere Welt sich vor unserer Nase so radikal verändert, wie es das menschliche Nervensystem wohl noch nie zuvor erlebt hat. Angesichts des enormen Ausmaßes dieser Veränderungen sollten wir uns vielleicht einmal Gedanken darüber machen, welche Auswirkungen sie auf unsere Arbeit, unsere Familien und unser Leben im Ganzen haben."

Prof. Dr. Jon Kabat-Zinn

Aufgrund des Außengeleitetseins unseres Lebens kann man von einem seelenlosen Zeitalter sprechen. Dieses zeigt sich vor allem in folgenden Erscheinungen (siehe Schaubild „Das seelenlose Zeitalter).

„Die heutige Gesellschaft ist krank. Wir mailen und faxen in die ganze Welt, wir verfügen über Internet und Mobiltelefone, doch wir treffen kaum unsere Familienmitglieder und unsere Nachbarn. Wir haben einen Leerraum in uns, den wir auszufüllen versuchen, indem wir essen, lesen, reden, rauchen, Sex haben, fernsehen, trinken, ins Kino gehen, ja sogar, indem wir arbeiten", sagt Thich Nhat Hanh, ein buddhistischer Mönch.

Das seelenlose Zeitalter

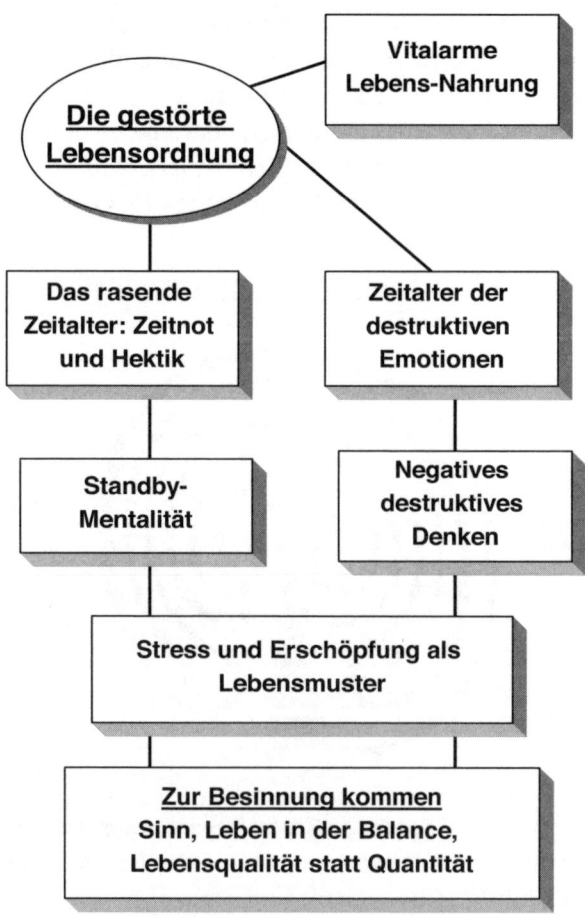

3.1 Das rasende Zeitalter: Zeitnot und Hektik als Störquelle

3.1.1 Zeitmangel – Zeitmanagement ist nutzlos

Zeit scheint uns immer zu wenig zu sein. Wir rennen der Zeit hinterher, erledigen nicht annähernd das, was wir tun sollten. Da nützt es auch nichts, die Zeit zu planen, den geschätzten Bedarf an Minuten in einem Tagesplan zu erfassen. Organisationspsychologen kommen zu dem Schluss:

> „Das sogenannte Zeitmanagement ist nutzlos. Es steigert weder die Arbeitsleistung noch führt es zu größerer Gelassenheit. Und schon gar nicht taugt es dazu, Zeit zu sparen."
>
> Stefan Klein, Gehirn & Geist, 10, 07

Zeitnot ist eine Sache der Einstellung. Es handelt sich im Kern dabei um eine Überlastung des Gehirns - insbesondere des präfrontalen Cortex, der mit dem Planen und unseren Absichten beschäftigt ist. Wir fühlen uns unter Druck, wenn so viele Informationen und Aufgaben auf uns einströmen. Dann kann dieses Hirnareal nicht mehr auswählen, was gerade wichtig ist. Dann wissen wir nicht mehr, „wo uns der Kopf steht". *Wir haben also keine Zeit, weil wir gestresst sind.* Unser Leben ist wie ein Karussell.

Leben wie im Karussell

- Alles dreht sich immer schneller.
- Heute so, morgen so.
- Immer neue Herausforderungen.
- Entscheidungssituationen in Fülle.
- Immer neue Modelle, Autos, Reisen, Konsumgüter, Jobs.
- Es geht auf und ab: Meldungen, Krisen, Konjunktur, Aktienkurse, Probleme.
- Wir haben die Balance verloren. Unser Leben gerät aus den Fugen. Körper, Geist und Seele sind nicht mehr abgestimmt.
- Orientierung und Sinn sind schwer zu erkennen.

- Nach außen hübsche Fassade – doch wie es da drinnen aussieht, weiß niemand.
- Immer mehr Stress, Energiemangel, sozialer Krieg.
- Wir leben in einem rasenden Zeitalter.

Das rasende Zeitalter

„Menschen werden geboren und heiraten,
sie leben und sterben wie auf einem Karussell,
das so schnell herumwirbelt, dass man meinen
möchte, es müsse sie verrückt machen."

William Dean Howells (1907)

Wir brauchen eine neue Kultur der Zeit- und Lebenssouveränität

In einer sich rapide beschleunigenden Welt sollten wir lernen, wie das Gehirn mit Zeit, Hektik und Stress umgeht.

Stress hemmt die Netzwerke, die unser Handeln organisieren. Dazu können wir gegensteuern, jeder Einzelne:

1. Den Stress im Gehirn möglichst nicht aufkommen lassen (Mens-Modell). Herausforderungen, Zeitnot und Druck werden erst durch unsere mentale Bewertung zu Stress. (Vgl. F. Decker, Erfolgreich sein Leben meistern, Petersberg)
2. In unserer überfrachteten Informationsgesellschaft ist es notwendig, die Aufmerksamkeit bewusst zu lenken, die Filter der Wahrnehmung zu verstärken. Konzentration auf das Wesentliche und Sinnvolle, sich nicht ablenken lassen. Dabei hilft gezieltes Mind Vitness-Training (Vgl. F. Decker, Alles beginnt im Kopf, Würzburg).
3. Wir brauchen eine neue Kultur der Lebens- und Zeitsouveränität, Zonen des Ausgleichs, in denen wir uns bewusst von den Reizen und Anforderungen zurückziehen. (Vgl. F. Decker, Energie-Balance halten, Petersberg).
4. Die Seele und damit unsere unbewussten Energien, Gefühle sowie unsere Vitalität brauchen Ruhe, Eigenzeit und harmonische Schwingungen. Dadurch entsteht Synergie von Körper, Geist und Seele sowie Gesundheit, Wohlbefinden und Lenkungsfähigkeit.

3.1.2 Die Standby-Gesellschaft

Wir leben in einer außengeleiteten Zivilisation. Zeitgeist, Medienpräsenz, Aktionismus, Informations- und Kontaktfülle verlangen ständig nach Hyperaktivität, nach Aufmerksamkeit und Standby. Zeitnot entsteht, wir sind rund um die Uhr medial erreichbar und stehen weltweit in Kontakt, und zwar nicht persönlich. Das führt zwangsläufig zu einer Hyperaktivitätsmentalität und zu

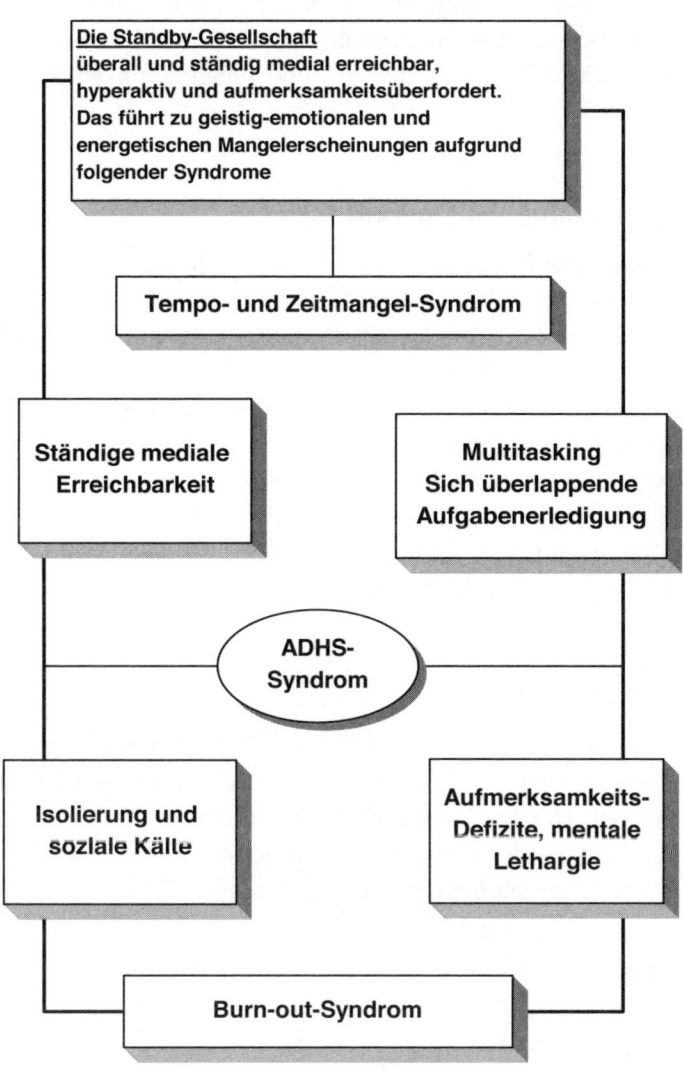

Die Standby-Gesellschaft
überall und ständig medial erreichbar, hyperaktiv und aufmerksamkeitsüberfordert. Das führt zu geistig-emotionalen und energetischen Mangelerscheinungen aufgrund folgender Syndrome

Tempo- und Zeitmangel-Syndrom

Ständige mediale Erreichbarkeit

Multitasking Sich überlappende Aufgabenerledigung

ADHS-Syndrom

Isolierung und soziale Kälte

Aufmerksamkeits-Defizite, mentale Lethargie

Burn-out-Syndrom

einer Aufmerksamkeits-Überlastung. Eine solche – vor allem mentale – Überforderung wird als ADHS-Aufmerksamkeits-Defizit, Hyperaktivitäts-Syndrom bezeichnet. Ein solches Syndrom lässt sich durch das Schaubild (S. 67) darstellen.

Das Leben überfordert uns

Jeder Mensch hat den Wunsch, gesund zu leben und unbeschwert und ohne Probleme sein Leben zu genießen und dabei alt zu werden. Das ist heute in einer hektischen, besinnungs- und bedenkenlosen Zeit schwierig geworden.

Die Standby-Mentalität hält uns auf Trab:

1. Tempomentalität mit Hektik, Unruhe und Oberflächlichkeit.
2. Ständige Erreichbarkeit, Verfügbarkeit und Vernetzung durch Medien.
3. Hyperaktivität und Aufmerksamkeits-Defizit-Syndrom, fehlende Mind-Vitness.
4. Stress-Mentalität, Überforderung und Energie-Balance.
5. Soziale Kälte, gestörtes Miteinander.
6. Zeitgeist-Dominanz, außengeleitete Lebensweise statt Inner-Coaching und Selbst-Bestimmung.
7. Leben ohne Besinnung, Ziel- und Lebensprioritäten. Bedenkenlose Lebensweise ohne positive Lebensperspektive.

Alles ist dringend – Stress

„Ganz langsam, aber sicher bildet sich in mir die Überzeugung, dass diese Welt etwas verrückt ist. Alles ist dringend, alles muss sofort sein und alle scheinen gestresst: Der Ausnahmefall wird zum Normalfall. Ich selbst bin zu oft atemlos und erschöpft und spüre am eigenen Leib, was man mit der „Nonstopp-Gesellschaft" bezeichnet. Ganz langsam, aber sicher wachsen in mir die Fragen:

• Wofür tue ich das alles?
• Braucht es das wirklich?
• Und was bleibt am Schluss übrig?

„Langsam, aber sicher wird mir klar, dass ich etwas verändern möchte. Aber was?" (B. Brunner, M. Wilde, Ausstieg auf Zeit, Münsterschwarzach 2007, S. 9).

Stress und Erschöpfung werden zur Normalität.

3.2 Stress und Erschöpfung als Seelenkiller

Viele Menschen leiden heute an der „Zuvielisation". Das Leben ist zu komplex. „Es wird mir alles zu viel, zu schnell, zu nachvollziehbar." Viele Menschen sind deshalb täglich erschöpft, müde, ausgebrannt, gestresst.

Zuvielisation

Die Zuvielisation erzeugt Dauerstress. Äußere Belastungen wie Zeitdruck, Arbeitsanhäufung, Lärm, aber auch Freizeitansprüche, Mobilität, mal hier mal dort, mit vielen Kilometern Autofahrt, die Standby-Mentalität führen zu situativem Stress. Wohlstands- und Aktivitätspflege sind wichtiger als Wohlbefinden und Ruhezonen. Den Energieverbrauch durch die Zuviel-Mentalität können viele Menschen nicht mehr ausgleichen. Es fehlt an Entspannung, an vitalstoffreicher Ernährung, an sozialer Harmonie. Konflikte gehören zu unserem Leben, Streit am Arbeitsplatz, Beziehungskonflikte und Trennungen sind Teil unserer Zuviel-Zivilisation.

Inneres Defizit-Leben

Die äußeren Lebensbelastungen lassen sich durch das Fehlen der inneren Widerstandskräfte nicht ausgleichen. Viele Menschen versäumen es, die inneren, psychomentalen und seelischen Kräfte zu entfalten, zu pflegen. Es fehlt an Psychohygiene, an geistiger Pflege, an Gesundheitsvorsorge. Resilienzfaktoren wie Optimismus, Zuversicht, Geborgenheit, Seelenstärke, wie Liebe, Glaube, Hoffnung, innerer Friede könnten die äußeren Belastungen auffangen. Stattdessen leiden viele Menschen auch innerlich an Stress: Grübelei, Unzufriedenheit, z. B. aufgrund zu hochgesteckter Ziele, Angst, wenig Zukunftsperspektiven, Stimmungsschwankungen u. a. Es fehlen oft die inneren Haltepunkte, ein Wertesystem, welches Lebensbelastungen trägt bzw. aushält, welches innere Kräfte besitzt.

Es fehlt die Balance zwischen äußerem Zuviel und innerem Zuwenig, zwischen Zuvielisations-Leben und Defizit-Leben. Dadurch werden Stress und Erschöpfung zum Dauerzustand, zum Seelenkiller.

Stress als Dauerzustand

Der Stress frisst uns oft auf, zeigt häufig kleinere Symptome wie Reizbarkeit, Verdauungsbeschwerden, Kopfschmerzen, Schlaflosigkeit, aber auch ernsthafte Gesundheitsstörungen wie Stress-Depression. Gehirn, Geist und auch Seele sind oft vor Erschöpfung wie gelähmt. Unser Leben wird bestimmt von zwei Polen, die miteinander verbunden sind und ein neues Gleichgewicht notwendig machen.

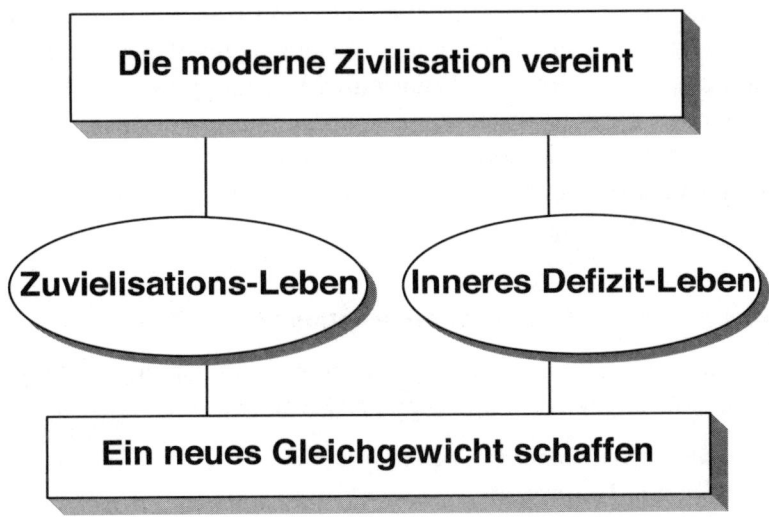

Stress und Erschöpfung fressen sich wie eine Spirale in Körper, Geist und Seele ein. Dabei lassen sich vier Stress-Stufen unterscheiden.

Stufe 1 der Stress-Spirale
Erste Anzeichen von Erschöpfung: Nervosität, Schlafstörungen, gesteigerte Arbeitsamkeit.

Stufe 2
Größere Erschöpfung. Alles dreht sich nur noch um die Arbeit, Denken und Verhalten ändern sich, z. B. blinder Aktionismus, erste aggressive Ausbrüche, Rückzug von Freunden und Familie, Konzentrations- und Denkausfälle, Stimmungsschwankungen, Migräne, Verdauungsstörungen, seelische Tiefs.

71

Stufe 3

Leistungsfähigkeit und Lebensmut schwinden. Körper, Geist und Seele sind immer öfter erschöpft: fehlende Zuversicht, Zukunftshoffnung, Glaube an sich, an Stärke, Apathie und Depression, Herz-Kreislaufstörungen. Destruktive Emotionalität wie Ärger, Sorgen, negative Gedanken, Pessimismus, stressbedingte Depression, die Stress-Depression.

Stufe 4

Körperliche Erkrankungen (stressbedingte Krankheiten), Suizid.

Eine solche Stress- und Erschöpfungssituation finden wir nicht nur beim Einzelnen. Auch gesellschaftlich breitet sich ein depressiver Schleier über uns aus. Man kann von einer neuen Empfindlichkeit und geistig-seelischen Störungen sprechen. Beziehungsstörungen werden zum Risikofaktor für die Gesundheit. Der Mensch wird zum Störfeld seines Mitmenschen. Eine Vielzahl der krankmachenden Ereignisse geht von Beziehungsstörungen aus, z. B. von Konflikten, von Mobbing.

Die neue Empfindlichkeit in Industrienationen

Melancholie, Depression und Angst bestimmen immer häufiger das öffentliche Klima und subjektive Empfinden des Einzelnen.

1. Psycho-depressive Störungen nehmen zu
- Tiefgreifende Traurigkeit
- Vitale Lustlosigkeit
- Schlafstörungen
- Verlust an Lebensfreude
- Depression

2. Angst-Erkrankungen an der Spitze der psychischen Erkrankungen
- Statt klassischer Hysterie (Angst vor Spinnen u. a.)
- Umwelt-Ängste (Chemie-Ängste, Atom-Ängste, Gift-Ängste)
- innengerichtete Endzeit-Ängste

„Wir sind die Hüter der Gesundheit unseres Nächsten."
Hans Schäfer

Die Seele der Menschen trübt sich immer mehr ein, aufgrund

- der Konfliktmentalität,
- der Negaholiker-Mentalität von Pessimismus und negativem Denken,
- von fehlender persönlicher Ermutigung, Zuneigung,
- von Beziehungs- und Bindungs-Defiziten,
- der sinn-losen Lebensweise und
- der fehlenden „Seelen-Sozialisation".

3.3 Gestörte Seelenkraft – ein geistig-seelisches Vakuum

Heute empfinden viele Menschen ein geistig-seelisches Vakuum. Sie sehen in ihrem Leben weder Sinn noch Orientierung, noch Kraft, etwas zu ändern. Mitten im Überfluss, den Kopf tief im Sand vergraben, gehen wir allmählich in spirituellen Konkurs. Früher oder später wird uns dann die Rechnung präsentiert. Obwohl wir zu Experten im Genießen geworden sind, können wir keine aufrichtige Freude mehr empfinden. (Vgl. Patricia Tudor-Sandahl, in: Finde zu dir selbst, Freiburg 2005, S. 117).

Wer gestresst, orientierungslos und unsicher in sich selbst ist, kann kaum ein Gespür für seine seelischen Bedürfnisse entwickeln. Man versucht in allem Möglichem Halt zu finden, oft sogar in Alkohol und Drogen.

Wenn wir unsere Seele auf Sparration setzen, dürfen wir uns nicht wundern, bald ausgehungert, ausgebrannt zu sein. Die Seele hungert bei vollen Töpfen, sie leidet Not. Die Folge ist: Wir können keine innere Ruhe und keine Lebenskräfte wie Freude, Lebenswille und Lebenssinn entwickeln. Eingekapselt in ein „minderwertiges Dasein" sind wir nicht mehr beseelt von den tieferen Lebenskräften. Unsere Seele wird durch unsere Lebensweise und Lebenseinstellung getrübt.

Wir haben oft den Gegebenheiten und Herausforderungen des Lebens keine von innen kommenden Kräfte wie Zuversicht, Gelassenheit, Glauben, Vertrauen, innere Widerstandskraft entgegenzustellen.

> „Wir sind also durch unsere Lebenseinstellung selbst eine besondere Art von „Trauergemeinde" geworden, die vor lauter Jammern das Leben vergisst, wie ein Wanderer in der Wüste, der von tausend Quellen umgeben ist und verdurstet, weil er die nicht findet, die er zu seinem persönlichen Ideal auserkoren hat."
>
> Olaf Koob, Die dunkle Nacht der Seele, Stuttgart 2007, S. 18

Der russische Dichter Tolstoi empfiehlt, das zu lieben, was man gerade tut, den Menschen am wichtigsten zu nehmen, der gerade vor einem steht, und die Zeit am meisten zu schätzen, die einem am nächsten ist – den Augenblick. Wir brauchen also neue Seelenfähigkeiten, um einen gesunden Gegenprozess in Gang zu setzen, das nötige Lebensgleichgewicht zu schaffen und damit letztlich „Seelenkrankheiten" zu verhindern.

Wir werden umso selbstbestimmter und vitaler, je mehr wir mit unserer Seele Anteil an der Welt nehmen und uns mit ihr in Einklang befinden.

Überintellektualisierung, Reizüberflutung, Ruhelosigkeit, Stress verschütten die Quellen der Seelenkräfte. Wir brauchen als „Begleiter" zum äußeren Leben als Gegenkräfte zu den Herausforderungen und Wirren des Lebens innere tragende Bilder, Moments of Excellence, sinnvolle Betätigung, Naturverbundenheit, Seelenfähigkeiten wie Zuversicht, Glaube, Hoffnung und Liebe.

Nur so können wir den Stürmen des Lebens gewachsen sein und nicht gleich in Burnout und Depression verfallen. Wenn wir uns dauernd nach außen anpassen, werden wir innerlich ersticken oder starke Aggressionen gegen die Außenwelt entwickeln.

Vielleicht braucht der moderne Mensch durch die Seelennot, durch die Schmerzen an seiner Seele eine neue geistig-seelische Bestimmung, ein Nachrüsten der inneren Kräfte. Die Selbstheilungskräfte sollten mobilisiert werden.

„Die Seele nährt sich von dem,
woran sie sich freut.“
Augustinus

„Die Freude steckt nicht in den Dingen,
sondern im Innersten unserer Seele.“
Theresia von Lisieux

3.4 Ein neuer Lebensstil – das Leben be-seelen

Um unser Leben, unsere Vitalität und Gesundheit in Balance zu halten, ist es also notwendig, die geistig-seelischen Kräfte in uns stärker zu entwickeln. Eine solche Lebens-Geist-Seelen-Balance (Life-Mind-Soul-Konzept) stellt das Gegengewicht zu den Belastungen und Herausforderungen des Lebens dar.

Trotz Zivilisation, technisch-ökonomischem und Wissens-Fortschritt bestehen weiterhin – oder gar verstärkt – menschliche Probleme. Wissenschaft, Technik und Ökonomie können kein geistig-seelisches Gleichgewicht schaffen. Wir sind inneren Verstimmungen, Erschöpfung, Burnout, Depression, Leiden, Ängsten und Spannungen immer noch ausgesetzt, vielleicht mehr als je zuvor.

Daher brauchen wir einen neuen Lebensstil, ein beseeltes Leben, eine Balance zwischen materieller, äußerer Entwicklung und einer starken, inneren, geistig-seelischen Gegenkraft.

„Man darf das Schiff
nicht an einen einzigen Anker
und das Leben
nicht an eine einzige Hoffnung binden. "
Griechische Weisheit

Einen neuen Lebensstil finden

Der neue Lebensstil erhebt uns über das Materiell-Erdenhafte in die Sphären des geistig-seelischen Lebens. Das materielle Leben wird angefüllt und erhöht durch einen Lebensstil des Gut-fühl-Seins, einer inneren Seelen-Qualität.

Das Geheimnis vitaler Menschen heißt Inspiration

Und Gott der Herr machte den Menschen aus einem Erdenkloß, und er blies ihm ein den lebendigen Odem in seine Nase. Und also ward der Mensch eine lebendige Seele. (Genesis 2,7)

Inspiration ist der Atem der Seele, von dem unser körperliches, mentales und seelisches Wohlfühl-Sein abhängt.

„Inspiration ist überall. Wenn du bereit bist, eine Ameise wertzuschätzen, kann sie für dich zu einem der Wunder des Universums werden." Anonym

„Die Realität ist etwas, über das wir uns erheben." Liza Minelli

„Das Leben hat keinen Sinn außer dem, den der Mensch ihm gibt, indem er sein Potential entfaltet und konstruktiv lebt." Erich Fromm

Seele fördert innere Stärke und Lebenskraft

Die alten Weisheitslehrer und die modernen Lebensberater stellen die Frage:

Wie kann ein Einzelner unter schwierigen Bedingungen sein Leben meistern?

Antwort des Psychiaters Daniel Hell aufgrund seiner Studien über die seelische Selbsterfahrung von Einsiedlern in der Wüste (4.–6. Jh. N. Chr.), z. B. des Heiligen Antonius (Wüstenvater):

„Der achtsame Umgang mit sich selbst ist das wichtigste Mittel gegen die zunehmende Entfremdung von außen."

Belege dazu sind die vielen Wüstenväter, „die in der völligen Einsamkeit mit ihren Schattenseiten wie Depression, Verdruss, Mattigkeit, Widerwillen und der sogenannten „Angst des Herzens" gekämpft haben" (Olaf Koob, Die dunkle Nacht der Seele, Stuttgart 2007, S. 11).

Deshalb brauchen wir wieder die Tugend der inneren Ruhe. Ruhe ist heute jedoch für viele Menschen schwer zu ertragen. Statt Ruhe suchen viele Zerstreuung, Rastlosigkeit und Aktivität. Wir sind es gewohnt, mobil und ständig bereit zu sein, auf die einstürmenden Anforderungen möglichst rasch zu reagieren. Das führt zu einem Ungleichgewicht. Wir brauchen aber Gleichgewicht, Gleichklang.

Grundsätze für einen Lebensstil des seelischen Gleichgewichtes

1. **Sich Phasen der Erholung und Entspannung gönnen**
   „Wären wir ruhiger, langsamer, so ginge es uns besser, ginge es schneller mit unseren Angelegenheiten voran." Robert Walser

2. **Öfter auf sein Herz und seine Seele hören,**
   denn das Herz hat seine Gründe, von denen der Verstand nichts weiß.
   Blaise Pascal

3. **Sich an der Gegenwart und seinen Schönheiten erfreuen**
   „Die Schönheit liegt im Auge des Betrachters."
   Englisches Sprichwort

4. **Suche stets in deinem Innern nach einer Antwort.**
   „Lass dich nicht von den Menschen in deiner Umgebung beeinflussen – weder durch ihre Gedanken noch durch ihre Worte." Eileen Caddy

5. **Auf sich selbst stolz sein können**

6. **Indem Sie anderen etwas Gutes tun, heilen Sie sich selbst,**
   weil eine Dosis Freude ein geistiges Heilmittel ist. Es überwindet alle Hindernisse. Ed Sullivan

7. **Was du säst, wirst du ernten**
   Wenn du geliebt werden willst, liebe und sei liebenswert. „Eine tiefe Liebe misst nicht, sie verschenkt sich." Mutter Teresa

8. **In wesentlichen Fragen des Lebens auf die Stimme der Seele und der Intuition hören.**
   Öfter meditieren und sich besinnen. Ich nutze einen Augenblick der Stille, um mich zu besinnen.
   Unsere Seele braucht aber innere Stärke, wie schon Hildegard von Bingen sagte:

„Wir müssen auf unsere Seele hören, wenn wir gesund werden wollen. Letztlich sind wir hier, weil es kein Entrinnen vor uns selbst gibt. Solange der Mensch sich nicht selbst in den Augen und im Herzen seiner Mitmenschen begegnet, ist er auf der Flucht. Solange er nicht zulässt, dass seine Mitmenschen an seinem Innersten teilhaben, gibt es keine Geborgenheit. Solange er sich fürchtet, durchschaut zu werden, kann er weder sich selbst noch andere erkennen. Er wird allein sein. Alles ist mit allem verbunden."

Hildegard von Bingen

Eine vitale Seele braucht also Zeiten der Besinnung, des Rückzugs vom weltlichen, äußeren Geschehen, aber auch Pausen der Betrachtung, der Achtsamkeit, der Meditation und Reflexion mitten im Alltagsgeschehen.

Meditation: Umgang mit Konflikten

Auf dem Weg zum inneren und äußeren Frieden kommen wir ständig an unsere Grenzen. Wir regen uns auf, über andere. Wir nehmen an, dass wir Recht und die anderen Schuld am Konflikt haben. Welche Möglichkeiten gibt es, mit solchen Situationen umzugehen? Sollen wir uns aktiv auseinandersetzen, streiten und uns dabei aufregen - oder haben wir die Kraft zum Kompromiss, zu verzeihen oder dem anderen lichtvolle Energien zu schicken? Auch wenn der andere etwas Falsches getan oder gesagt hat, wollen wir ihn nicht verletzen oder beschimpfen. Wir setzen beide unsere Energie für das Falsche ein. Wenn es möglich ist, sollten wir den anderen nicht als Gegner oder Feind betrachten. Machen wir uns lieber bewusst, dass wir aus dieser Situation etwas lernen können. Lassen wir unser Herz und unsere Seele sprechen. Üben wir dieses Denken und Verhalten in der Meditation ein.

Meditieren Sie über eine solche Situation.
Schicken Sie sich selbst Liebe und Güte.
- Möge ich Liebe und Güte empfinden.
- Möge ich von Freude und Leichtigkeit erfüllt sein.
- Möge ich mich selbst und andere akzeptieren, wie sie sind.
- Möge ich glücklich und friedvoll sein.

Als Nächstes stellen Sie sich eine Person vor, die Ihr Leben positiv beeinflusst:

- Möge sie/er Liebe und Güte empfinden.
- Möge sie/er von Freude und Leichtigkeit erfüllt sein.
- Möge sie/er sich selbst und andere akzeptieren, wie sie sind.
- Möge sie/er glücklich und friedvoll sein.

Nun senden Sie auch schwierigen Menschen, Konfliktpartnern diese Botschaften:

- Möge sie/er Liebe und Güte empfinden.
- Möge sie/er von Freude und Leichtigkeit erfüllt sein.
- Möge sie/er sich selbst und andere akzeptieren, wie sie sind.
- Möge sie/er glücklich und friedvoll sein.

Kommen Sie nun ins Hier und Jetzt zurück. Ein solches Mitgefühl, eine solche liebende Menschenfreundlichkeit macht Sie selber ausgeglichener und hilft freundlich zu anderen Menschen zu sein. Die Seele unterstützt solche Wege zu sich selbst und zu anderen.

Zentraler Ansatz für eine seelisch-geistige Stärkung ist die Zivilisations-Hygiene.

3.5 Zivilisations-Hygiene

will den von unserer Zivilisation erfassten Menschen mehr seelisch-geistige Balance, mehr psychische und physische Stabilität verleihen und durch äußere Distanz und Askese den Weg für eine Innenbetrachtung und Vitalitätsförderung freimachen.

Zivilisations-Hygiene will helfen,

- Zeitnot und Hektik zu reduzieren,
- destruktive Emotionen wie Ängste zu vermeiden,
- negatives Denken, Grübeln, Pessimismus zu ersetzen durch eine positive, konstruktive Denkqualität,
- Stressfolgen wie Burnout, Stress-Depression, Erschöpfung vorzubeugen,
- vitaler zu essen, Gesundheit durch Konsumhygiene zu stärken,
- zur Besinnung zu kommen, Lebensqualität statt Quantität und sinnvoll statt sinnlos leben.

Die acht Zivilisations-Hygiene-Prinzipien

für ein besseres seelisch-geistiges Gleichgewicht

1. Legen Sie sich einen Filter für belastende, negative Lebensereignisse zu. Lassen Sie sich ein dickes Fell wachsen.
2. Fördern Sie emotionale und mentale Entgiftung. Bauen Sie Ärger, Belastungen, Enttäuschungen, Rastlosigkeit ab, z. B. durch Bewegung, Entspannung, Mind-Coaching.
3. Ignorieren Sie Zeitgeschehen, pflegen Sie Zivilisationshygiene als Schutz vor Entfremdung und Überlastung, zur Giftvermeidung auf mentaler und emotionaler Ebene, zur Seelenhygiene.
4. Schaffen Sie sich einen Rückzugsort, ein Refugium des Wohlfühlens und Auftankens, um eine Beziehung zu sich selbst herzustellen.

5. Pflegen Sie Ihre Naturverbundenheit. Genießen Sie Sonne, Wind, Wald, Wasser, um die Energie der Natur zu tanken und den Druck des Lebens loszulassen.
6. Fördern Sie Frei-Zeit, Zeitunabhängigkeit. Geben Sie den Dingen, die Ihnen gut tun, Ihre Zeit.
7. Machen Sie nicht alles, was üblich ist, mit. Sorgen Sie für inneren und äußeren Abstand zum Zeitgeist.
8. Entwickeln Sie die eigenen Widerstandskräfte, ein seelisch-mentales Immunsystem, um auch mit Schwierigkeiten des Lebens besser fertig zu werden und den „Verlockungen" der äußeren Welt besser zu widerstehen. Entwickeln Sie Resilienz-Fähigkeiten. Sie werden im Folgenden beschrieben.

Was fördert die Seelenkräfte?
Resilienz = Fähigkeit eines Menschen,
• sich trotz widriger Umstände, trotz Niederlagen, Niedergeschlagenheit, Kümmernissen und Krankheiten
• immer wieder zu fangen und neu aufzurichten.

Resilienz-Fähigkeiten sind:
• positive Lebenseinstellung, Optimismus
• das Geschehene akzeptieren
• Lösungen suchen
• sich auf seine Stärken besinnen, Aufstehmentalität
• Autonomie, Verantwortung übernehmen
• Freunde haben – in der Not
• sich vor künftigen Wechselfällen des Lebens schützen, vorbeugen
• entspannt und gelassen leben

3.6 Entspannungstraining für mehr Abstand zur Welt und für Körper-Balance

Das folgende Entspannungstraining geht auf die Annahme Jacobsens zurück, dass bei Spannungsgefühlen wie Angst, Wut, Stress die Muskeln sich zusammenziehen. Durch erhöhte Anspannung tritt eine zunehmende Entspannung verschiedener Muskelgruppen ein.

Anspannung + **Entspannung** = Prinzip der progressiven Muskelentspannung.

Übertriebene Anspannung ermöglicht nachfolgende Entspannung.

Nutzen der Entspannungsmethode:

- Der allgemeine Muskeltonus (Muskelspannung) verringert sich.
- Sympathikus wird gedämpft (Anti-Stress-Effekt).
- Atemverflachung
- Verringerung der Herzfrequenz

Vorübung für einzelne Körperteile

Übung 1

Ballen Sie Ihre rechte Hand für fünf bis sechs Sekunden mit aller Kraft zur Faust und öffnen Sie diese wieder.

Wiederholen Sie das dreimal und beobachten Sie dabei beim Loslassen die Empfindungen in der Hand (Kribbeln, Wärmegefühl)

Nun machen Sie die gleiche Übung mit der linken Hand.

Jetzt machen Sie die Übung mit beiden Händen.

Übung 2

Sitzen oder stehen Sie aufrecht und heben Sie die Schultern hoch „bis zu den Ohren". Bleiben Sie einige Sekunden in dieser Haltung und lassen Sie dann die Schultern locker fallen.

Wiederholen Sie das dreimal.

Und nun kommen wir zu einer Übung zur Muskelentspannung des ganzen Körpers.

Übung 3

In einer beliebigen Alltags-Situation (Büro, Straßenbahn, an der Kasse in der Warteschlange des Supermarktes) spannen Sie einzelne Muskelpartien, die gerade „frei" sind, an und entspannen sie dann wieder. (z.B. Hände, Füße, Schultern, Kieferpartie).

Tun Sie das immer, wenn Sie bestimmte Muskelpartien verkrampft haben (z. B. auch durch zu langes und schlechtes Sitzen, einseitige Belastung).

Übung 4 Ganz-Körper-Entspannung

1. Drücken Sie Ihre Zehen ganz fest nach unten, als ob Sie mit Ihrem Fuß eine Faust ballen wollten. Krümmen Sie Ihren Fuß ganz fest und spannen Sie 6 Sekunden lang kräftig an, d.h., zählen Sie dabei entspannt bis 6. Atmen Sie ruhig weiter. Danach entspannen Sie sich 6 Sekunden.

2. Spannen Sie jetzt den Fuß und alle Beinmuskeln mitsamt dem Po kräftig an. Drücken Sie alle Muskeln vom Fuß, Bein und Gesäß 6 Sekunden lang, so fest Sie können. Danach lassen Sie wieder völlig los und entspannen sich 6 Sekunden. Genießen Sie dabei die Entspannung.

3. Als Nächstes spannen Sie bitte jetzt ganz fest Bauch- und Rückenmuskeln an. Ziehen Sie, so fest wie möglich, den Bauch ein. Der Bauch muss sich richtig nach innen wölben, und drücken Sie zugleich die Rückenmuskeln im Bereich der Lendenwirbel dagegen. Achten Sie weiter darauf, dass Sie immer ruhig und gleichmäßig weiteratmen, trotz aller Anspannung, und dann entspannen Sie sich wieder für 6 Sekunden.

4. Bei der 4. Phase spannen Sie Brust, Rücken, Arme und Nacken an, d.h. den ganzen Oberkörper. Ballen Sie Ihre Hände ganz fest zusammen, spannen Sie den ganzen Oberkörper so fest wie möglich an; und jetzt wieder 6 Sekunden entspannen.

5. Spannen Sie mit einer Grimasse bei geschlossenen Augen alle Gesichtsmuskeln ganz an. Prüfen Sie dabei, dass Sie alle Muskeln wirklich fest anspannen, entspannen Sie wieder.

6. Jetzt kommt die Zusammenfassung aller Einzelübungen. Spannen Sie von den Zehen bis zum Kopf alle Muskeln zugleich an, 6 Sekunden lang, und entspannen Sie.

Sie werden spüren, wie wohltuend diese Entspannungsübungen wirken. Sie haben sich jetzt bestmöglich aktiviert und sind wieder voll handlungsfähig.

Diese schnelle Entspannungsmethode hilft Ihnen in schwierigen Situationen oder z.B. im Wartezimmer des Zahnarztes, in einem Amt, vor einem Gespräch mit dem Schwiegersohn, im Auto, in der Straßenbahn, wo Sie sich gerade befinden. Üben Sie diese Methode öfter, damit sie Ihnen in allen Lebenslagen sofort und gut gelingt.

Übung 5 **Gedanken abwerfen**

• Begeben Sie sich in eine entspannte Körperhaltung
• und schließen Sie die Augen.
• Stellen Sie sich vor,

auf einer Rolltreppe langsam tiefer und immer tiefer zu fahren. Alle störenden Gedanken bleiben am Anfang der Rolltreppe zurück.

Je weiter Sie abwärts fahren, desto freier, ruhiger und gelöster werden Sie.

3.7 Sind Sie ein Lebenskünstler?

Wie werden Sie mit Ihrem Leben fertig? Beherrschen Sie die Lebenskunst, alles in Balance zu halten? Wie werden Sie mit den einzelnen Lebensaspekten fertig, welches Konzept haben Sie zu den einzelnen Lebensbereichen Ernährung, Arbeit, Körperpflege, Gedanken- bzw. Mindpflege? Können Sie Stimmungen und Gefühle regulieren und Ihr Verhalten sinnvoll gestalten?

Die Art, wie wir unsere Lebensaufgaben sehen und unsere Lebensprobleme verstehen, wirkt sich darauf aus, wie wir mit ihnen fertig zu werden versuchen. Deshalb ist wichtig, was der Spruch über dem delphischen Orakel im alten Griechenland meinte:

„Erkenne dich selbst und du erkennst die Welt."

Lebenskünstler lernen das auf einfache Weise und finden immer neue Wege, sich mit den Alltagsproblemen auseinanderzusetzen und neue Kräfte zu tanken. Sie werden schöne Augenblicke dann besser genießen können als vorher, an Zuversicht und Lebenssinn gewinnen, innere Sicherheit und Lebensfreude verstärken.

Es kommt vor allem auf die geistig-seelische Einstellung im Leben an. Lebenskünstler verhalten sich nach folgenden Lebensgrundsätzen:

1. *Gönnen Sie sich im Trubel, in der Hektik des Tages* trotz der Zeitnot täglich Ruheoasen, Minuten der Besinnung und der Entspannung.

2. *Sie sehen das Leben mit den Augen der Seele und der inneren Lebensqualität:* Statt sein Glück in materiellen Dingen zu suchen, die Qualität der Seele und des Geistes pflegen, Leben positiv sehen, statt sich der Problemsicht hinzugeben, besser auf Lösungen, Auswege und neue Wege schauen. Ein besseres Leben kann sich auch in sehr einfachen Dingen offenbaren.

3. *Sie suchen das Schöne, das Sinnvolle, das Be-seelte im Leben.* Es ist für unser seelisches Gleichgewicht wichtig, dass wir uns neben dem Belastenden dem Entlastenden zuwenden, dass wir uns auf einen Lebensstil verstehen, der uns Zufriedenheit und Halt bietet. Optimisten leben länger und sind glücklicher. Suchen Sie nach Haltepunkten, nach Bewährtem im Leben, nach Orientierung.

4. *Sie halten Balance im Leben.* Sie achten auf das Gleichgewicht von Beruf und Familie, von Anspannung und Entspannung, von Energieverbrauch und Energiegewinnung, von Körper, Geist und Seele. Sie ziehen öfter Bilanz und korrigieren Ihren Lebensstil, bevor es zu spät wird. Vielleicht sagen Sie auch öfter mal: Heute lasse ich es mir gut gehen, egal, was morgen ist, und gleich, was andere sagen. Persönliche Lebenskunst bedarf eines individuellen Lebensstils.

5. *Lebenskünstler lieben das Leben.* Der Mensch, der die Einsicht und Kraft besitzt, sein Leben so zu gestalten, dass er vieles im Leben liebt, sich selbst eingeschlossen, ist ein Lebenskünstler. Das hängt nur von der eigenen, geistigen Einstellung und dem Lebensgefühl ab. Vom Leben nur das erwarten, was uns aus tiefstem Herzen Freude macht und was wir lieben können, ist eine hohe Kunst. Man sollte es immer wieder versuchen und der Seele und dem selbstbestimmten Geist Spielräume verschaffen. Das ist wahre Lebenskunst und wer das schafft, ist ein Lebenskünstler.

„Du kannst nicht tun, was du willst, solange du nicht weißt, was du tust."

Moshé Feldenkrais

Chinesische Weisheit

Wer andere erkennt, ist gelehrt,
Wer sich selbst erkennt, ist weise,
Wer andere besiegt, hat Muskelkraft,
Wer sich selbst besiegt, ist stark,
Wer zufrieden ist, ist reich,
Wer seine Mitte nicht verliert,
ist unüberwindlich.
LAO-TSE

Gut durch das Leben kommen

Zufrieden und vital, ab und zu auch glücklich sein, Stress und Zeitdruck für Oasen im Leben vergessen und Momente der Ruhe und Besinnung im Alltag genießen.

Das sind Ziele, die dem eigenen Leben Kraft und Orientierung geben können. Seele und Geist kennen den Weg. Ich muss sie nur „ansprechen", mobilisieren. Doch Lebenserfolg stellt sich nicht so einfach ein. Er verlangt Mühe, Mut und Engagement für die Entwicklung des eigenen Innenlebens, ein zielgerichtetes Streben.

4. Seelenpflege, Seelenvorsorge

Wie geht es Ihrer Seele?

Die Seele braucht andere Heilungswege als unser Körper.
Weder Pflaster noch Salben helfen, wenn die Seele leidet.

Es ist etwas anderes notwendig, um unser seelisch Rein-Geistiges und Emotionales wieder ins Gleichgewicht zu bringen. Unsere Seele braucht eine andere, mehr innengeleitete, immaterielle Pflege, sie braucht inneres Wohlsein, keinen äußeren Wohlstand, die Fähigkeit, unsere Zeit zu genießen und Muße auszukosten, Besinnung und intensive Erfahrung des Augenblicks. Erst Ruhe und Gelassenheit lassen alle Dinge blühen.

4.1 Seelenpflege und Seelenvorsorge als Ziel

Viele Menschen fühlen sich schlecht gestimmt, sind melancholisch, sind traurig, müde, depressiv. Es fehlt ihnen an Nahrung für die Seele. Von Fastfood für die Seele kann man nicht leben. Auch hier gilt: „Die Seele braucht eine qualitativ gute Nahrung" (native Seelenkost).

Unser Leben besteht nicht allein aus Essen und Trinken. Auch die Seele braucht Unterhalt, Energie, Fürsorge. Der Mensch lebt ja bekanntlich nicht vom Brot allein, auch die Seele verlangt ihre Vitalkost.

Im Seelischen läuft es heute oft ganz ähnlich wie auf der körperlichen Ebene: Wir ernähren uns mit Fastfood der Phantasie, der Gefühle und des Lebenssinns. Aber die Seele braucht genauso wie unser Körper Vitamine, z. B. in Form von Liebe, von Zuversicht, von „Moments of Excellence".

Für viele Menschen ist heute Goethes Faust ein Vorbild und zugleich ein Albtraum. Faust, der Studierte, der Wissende, sucht weniger die Sinnlichkeit, die Seele, sondern die Unmittelbarkeit des Geistes. Seine Seele ist von dem Fastfood des reinen Wissens ausgemergelt und dadurch krank. Faust schwor Gott ab und vertraute auf die Wissenschaft. „Sein Fastfood-Wissen hat zwar seine Reflexion verfeinert, aber nicht sein Leben. Sein Wissen hinterlässt keine Spur im Leben, es sei denn, jene des Mangels. Faust hat keine Freude. Er zweifelt an allem." (Theo Roos, Neue philosophische Vitamine, Köln 2007, S. 111). Faust hat zwar mit heißem Bemühen studiert, aber er ist so klug wie zuvor, es fehlt ihm der geistig-seelische Kern, z. B. die Freude am Leben und der tiefere Sinn des Lebens, jenseits der materialistischen, logischen Faktenwelt. In einem Pakt verkauft er sein Selbst, seine Seele, an den Teufel.

Dieses von Goethe entwickelte Lebensbild einer aufgeklärten Zeit passt auch heute noch. Der Blick nach innen fehlt. Die seelischen, emotionalen, geistvollen und spirituellen Kräfte sind durch die Dominanz des Materiell-Faktischen, der äußeren Lebenswelten verkümmert. Dem äußeren Wohlstand steht eine innere Verkümmerung mit all ihren Folgen wie Depression und Sinnlosigkeit entgegen. Wir brauchen Weisheit und Kraft, dies zu ändern.

Weisheit

Gib mir die Kraft, zu ändern,
was ich ändern kann,
die Demut, anzunehmen,
was sich nicht ändern lässt,
und die Weisheit,
zwischen beidem zu unterscheiden.
Friedrich Oetinger

„Gönne dich dir selbst.
Ich sage nicht: tu das immer.
Ich sage nicht: tu das oft.
Aber ich sage: tu es immer wieder einmal.
Sei wie für alle anderen auch für dich selbst da."
Bernhard von Clairvaux

Seelenpflege basiert auf den Einsichten von Philosophen und Weisheitslehren, so z. B.:

„Denn die Menschen haben alle den Wunsch,
das beste Leben zu führen,
sie wissen alle, dass es kein anderes Organ
des Lebens gibt als die Seele."

Apuleius, zitiert nach Theo Roos,
Neue philosophische Vitamine, Köln 2007, S. 16

Die Seele pflegen bedeutete bei den Griechen „Glücklich-Sein".

Auch für Teresa von Avila, Hildegard von Bingen, chinesische Zen-Meister und nicht zuletzt für Jesus bedeutete Seelenpflege Lebenskunst, die erfahrbar ist als „leise Stimme", als Augenblick, als „großes Gefühl", als sich etwas Gutes zu tun.

Es ist früher wie heute eine schwierige Aufgabe, die Seele zu nähren und zu pflegen. „Es ist nicht leicht, seine Seelenverfassung so zu erhalten, wie die Natur es verlangt, und zugleich die äußeren Verhältnisse zu berücksichtigen, sondern es gibt nur ein Entweder-oder. „Wer sich um das eine bekümmert, der muss das andere vernachlässigen", meint schon Epiktet (zit. Nach Roos, a.a.O.). Schon früher haben die Weisheitslehrer vor chronischer Überforderung und ihren seelisch-psychischen Folgen gewarnt. Alles, was wir mit Liebe machen, bereichert uns.

Deshalb ist seelisch-geistige „Sorge um sich selbst" bei Epiktet zwar eine selbstbestimmte innere Pflege, jedoch nicht Egoismus. Seelische Selbstvorsorge ist eingebunden in unsere sozialen Beziehungen.

„Bedenke, wer du bist,
zuerst ein Mensch,
d. h., du hast nichts Stärkeres als deine Seele,
der alles andere untergeordnet ist. "
Epiktet

Unsere Seele pflegen bedeutet deshalb: gelassen die Wirklichkeit annehmen.

> „Gelassene Annahme der Wirklichkeit
> ist die Bedingung dafür,
> dass der Mensch mit der Welt,
> mit seinesgleichen und mit sich selbst
> in Freundschaft leben kann,
> also die Bedingung eines glücklichen Lebens…"
>
> Robert Spaemann

Gelassene Annahme der Wirklichkeit bedeutet,

- einerseits sich eine innere Distanz, eine Autonomie in der äußeren Welt zu bewahren,
- andererseits sich in seinem Umfeld aufgehoben, zugehörig zu fühlen, einen sozialen Ausgleich zu pflegen.

So finden wir inneren Halt im Chaos.

„Warum können Engel fliegen?
Weil sie sich leicht nehmen!"

Papst Johannes XXIII.

4.2 Ebenen der Seelenkräfte

Es lassen sich verschiedene Seelenkräfte unterscheiden, je nachdem, auf welcher Ebene sie wirken und welcher Art sie sind.

Ebenen der Seelenkräfte

Was sind Seelenkräfte? Bei genauerer Betrachtung lässt sich feststellen, dass drei Ebenen von Seelen-Kräften wirksam werden.

1. Spontane Seelenkräfte

Sie treten spontan, aus „heiterem Himmel" auf. Sie sind unverfügbar, treten z. B. als Spontan-Impuls, Spontanheilung, als unerwartete Einsicht auf.

2. Alltags-Seelenkräfte

Beispiel: Ein positives Gefühl, ein ergriffener Augenblick, erfüllte Zeit für mich, für Besinnung, Augenblicke der Lebensfreude, um derentwillen das Leben sich lohnt. Solche Seelenkräfte sind erlernbar, z. B. durch Mind-Coaching.

3. Überpersönliche Seelenkräfte

z. B. durch Gottesglauben, durch religiöse Hingabe. Glaube, Hoffnung und Liebe schenken Zuversicht und Erfüllung.
Körper, Geist und Leben sind getragen von unterschiedlichen Seelenkräften, von spontanen, alltäglichen und spirituellen. Sowohl mein Bemühen um geistig-seelische Kräfte wie unser Glaube an unbewusste und überpersönliche Seelenkräfte prägen das persönliche Leben. Dabei kommt es entscheidend auf unsere Offenheit und innere Einstellung gegenüber der geistig-seelischen Welt an.

4.3 Selbstbestimmte Seelenpflege

Selbstbestimmung und Eigenverantwortung bekommen in der persönlichen Entwicklung einen immer größeren Stellenwert. Das gilt auch für die Pflege der eigenen Seele, sein eigenes Seelenheil. Das sollte in erster Linie präventiv, also vorsorglich sein.

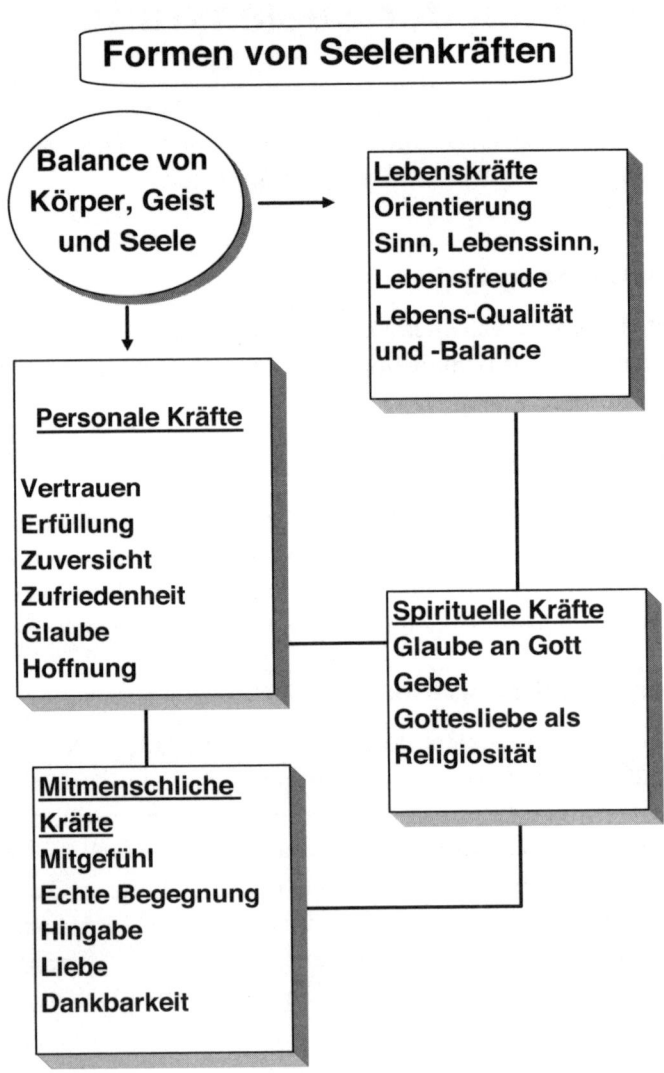

Dabei spielt die Suche nach dem eigenen Lebenssinn, nach mehr Lebenserfüllung eine zentrale Rolle. Neben den Zukunftshoffnungen der Deutschen – mehr Zeit für mich selbst, mehr Zeit mit anderen und mehr Zeit für Bildung und Kultur – werden auch die eigene persönliche Entwicklung, das persönliche Wachstum und damit die verschiedenen Ebenen von Seelenkräften immer wichtiger. Die votstehende Übersicht zeigt verschiedene Formen der Seelenkraft, die an Bedeutung gewinnen.

Die Seele beflügelt uns und das Leben

- Die Seele zeigt den Weg durchs Leben (Lebenskunst).

- Die Seele lässt den Alltag er-leben.

- Die Seele braucht Stille, Besinnung, Meditation.

- Seele und Geist beflügeln sich gegenseitig.

- Über den Körper die Seele pflegen.

- Eine ausgeglichene Seele erfüllt das Leben mit freudvollen, stärkenden Schwingungen und Energien.

4.4 Grundprinzipien für Seelenpflege

1. Sorgen Sie für Gelegenheiten der Ruhe, Stille und Entspannung. Das sind wichtige Tore zu Ihrer Seele.

2. Sorgen Sie für gute Gefühle, Gedanken und Vorstellungen, für Lebensfreude und Leichtigkeit, so tankt Ihre Seele auf.

3. Pflegen Sie Ihr „Kopfkino", Ihre mentale Regulation, um negative Schwingungen und Stimmungen zu transformieren und positive Seelenkräfte, z. B. Sinn, Glücksgefühle, anzuregen.

Gedanken und
Vorstellungen
zielgerichtet ordnen

4. Genießen Sie die angenehmen Dinge, die in Ihr Leben treten, nach dem Motto:

   • Wenn ich esse, dann esse ich.

   • Wenn ich gehe, dann gehe ich.

   • Wenn ich mich ausruhe, dann ruhe ich.

   • Wenn ich schlafe, nehme ich keine Alltagsprobleme mit ins Bett.

5. Leben Sie ausgeglichen in Balance. Üben Sie sich im Loslassen und Entleeren, praktizieren Sie Zivilisationshygiene.

4.5 Meditationen zum Auftanken der Seele

Ordnungs-Meditation

Meditation fördert die innere Harmonie, Gesundheit und Wohlbefinden. Sie trägt zu einem ausgeglichenen Leben bei und kann so für Ordnung, Abgestimmtheit im Leben sorgen, so auch die folgende Ordnungs-Meditation:

Setzen Sie sich entspannt und aufrecht hin. Schließen Sie die Augen und visualisieren Sie folgende Aussagen:

- Ich bin in ein wunderbares Gefühl von angenehmer Gelöstheit eingetaucht.

- Ich entspanne mich mit jedem Atemzug und beobachte in Gedanken einen Wald oder den Strand.

- Ich sehe die wunderbare Natur. Alles lebt in einer Ordnung: Sonne, Bäume, Pflanzen, Tiere.

- Auch ich gehöre zu dieser Ordnung.

- Darum bringe ich jetzt auch Ordnung in mein Leben: In meine Arbeit, in meine Worte, meine Gedanken, Gefühle, Beziehungen, in mein äußeres Leben.

- Ich sehe alles abgestimmt, im Gleichklang, in Ordnung.

- Ich spüre in mir Ordnung, Harmonie. Die Sonne der Ordnung strahlt in meinem Körper und Geist.

- So wohnen Freude, Friede, Zuversicht und Harmonie in mir. Es geht mir gut. Ich bin in Balance.

Kommen Sie nun zurück, dehnen und strecken Sie sich.

Meditation

Eine kraftvolle und positive
Lebenseinstellung erlangen

---

1. Vorbemerkung:

Energien freisetzen für das Leben

Seine Energien für das eigene Leben zielgerichtet einsetzen ist eine zentrale Aufgabe. Grundlage dafür ist die Lebenseinstellung, das mentale Programm. Schlüsselworte für ein solches Lernprogramm sind Entspannung, Optimismus, Friede und Glücklichsein; die Kraft der Zuversicht und des Glaubens. All diese mentalen Einstellungen zum Leben sind nicht angeboren, sondern das Ergebnis eines konsequent durchgeführten mentalen Lernprogramms. Auch eine kraftvolle und positive Lebenseinstellung, die mir manches im Leben erleichtert, beginnt im Kopf. Die folgende Meditation ist Teil dieses mentalen Lern-Programms.

2. Durchführung der Meditation

– Nehmen Sie eine Haltung ein, welche Ihnen am ehesten Entspannung bringt. Das kann im Sitzen, Liegen oder Stehen sein.

– Schließen Sie die Augen und legen Sie Ihre Handflächen auf die Bauchdecke. Verschränken Sie dabei die Finger ineinander.

– Atmen Sie ruhig und leicht.

– Die Gedanken kommen langsam zur Ruhe. Sie ziehen vorbei wie die Wolken am Himmel. Sie schenken ihnen keine Beachtung.

– Sie spüren, wie ein Kraftstrom Ihren Körper durchströmt. Er spendet Wärme.

- Ein Gefühl des Friedens und des Glücks beginnt sich in Ihnen zu regen. Sie empfinden Glück ohne einen konkreten Anlass. Sie sind entspannt und unbeschwert.

- Dieses Gefühl breitet sich in Ihnen aus und erfasst Ihren Körper und Ihren Geist. Es ist so stark, dass Sie es über die Meditation hinaus wach halten können. Es steht Ihnen auch im Alltag, wenn Sie Entspannung, Friede und Glücklichsein brauchen, zur Verfügung. Sie halten es in Ihrer Vorstellung wach, ankern es und können es wieder aktivieren. Sie sind entspannt und unbeschwert, innerer Friede und Glücklichsein halten Sie gesund und geben Ihnen Kraft im Alltag.

Lenken Sie nun Ihre Aufmerksamkeit auf die Handflächen.

- Sie empfinden die Wärme, die von Ihren Handflächen ausgeht.

- Sie konzentrieren Ihre ganze Aufmerksamkeit auf diese Wärme, die von Ihren Handflächen ausgeht. Sie breitet sich im ganzen Körper aus:

- in Ihren Füßen, Ihren Unterschenkeln, dann in die Oberschenkel, in Ihren Bauchraum, in Ihren Brustraum.

- Auch Ihre Hände und Unterarme sind warm. Ebenfalls durchzieht die Wärme Nacken und Kopf.

- Die Wärme pulsiert in Ihrem Körper überall, sie entspannt und harmonisiert, löst Spannungen auf.

- Sie sind so erfüllt von Wärme, Energie und Gelassenheit, dass sie aus Ihnen austreten und auch andere Menschen erfüllen. Sie geben auch anderen Menschen von dieser Wärme, Energie und der dadurch entstehenden positiven Lebenseinstellung ab.

- Kraft, Energie und innerer Friede durchströmen Sie und Ihre Mitmenschen.

Sie versuchen stets die stärksten Kräfte in sich zu wecken, im Alltag, im Beruf, im Zusammensein mit anderen Menschen.

- Diese Kräfte entstehen in Ihrer Vorstellung, in Ihrem Denken und Empfinden und finden danach Ausdruck in Worten und Taten.

- Sie rufen die Kräfte des Friedens, des Glücks und der Wärme stets in Ihrem Denken wach. Dazu brauchen Sie Stille und Entspannung.

- Sie konzentrieren jetzt Ihre Aufmerksamkeit wieder auf Ihre Handflächen und auf die Wärme, die von ihnen ausgeht und Ihren Körper durchströmt.

- Zentrum dieser Wärme ist Ihr Sonnengeflecht unterhalb Ihrer Handflächen. Hier sammeln sich die Wärme und ihre Kraft.

- Sie stellen sich vor, wie sich im Inneren dieses Wärmezentrums ein Lichtpunkt bildet, der allmählich größer und heller wird und schließlich die gesamte Oberbauchregion ausfüllt.

- Es ist das goldweiße, wärmende Licht der Sonne, das in Ihrem Körper erwacht. Wärme und Licht vereinen sich in Ihnen: Es ist wie eine Sonne, die in Ihnen und aus Ihnen heraus strahlt.

- Verbleiben Sie eine Weile in diesem Gefühl und genießen Sie es.

Nun bilden sich aus der Kraft der inneren Sonne Worte.

Sie stellen sich folgende Selbstsuggestion, folgende Worte vor:

- Ich bin ein glücklicher Mensch. Ich bin erfüllt von Frieden, Kraft und positiver Lebenseinstellung.

- Ich lasse diese Affirmation bildlich vor meinem geistigen Auge erscheinen, geschrieben von mir selbst, in Buchstaben aus goldweißem Licht.

- Ich nehme diese Worte voll in mein Bewusstsein auf.

> Ich bin ein glücklicher Mensch. Ich bin erfüllt von
> Frieden, Kraft und positiver Lebenseinstellung.

Den Sinn und Wert dieser Sätze verankere ich tief in mir. Ich bin davon überzeugt. Ich nehme die Kraft dieser Worte in mich auf.

> Ich bin ein glücklicher Mensch. Ich bin erfüllt von
> Frieden, Kraft und positiver Lebenseinstellung.

Es ist die Kraft der Zuversicht für ein gelingendes Leben, ein Sonnenlicht, welches mich stark macht. Ich glaube an diese Kraft.

- Diese Kraftreserve kann ich auch in Zeiten der Schwäche einsetzen. Immer wenn mich Sorge, Hoffnungslosigkeit und Unsicherheit überfallen, hilft mir diese goldgelbe, wärmende Kraft. Kummer und Sorgen verlieren ihren Schrecken, weil ich ein kraftvoller, optimistischer Mensch geworden bin.

  Ich bin ein glücklicher Mensch. Ich bin erfüllt von
  Frieden, Kraft und positiver Lebenseinstellung.

- Ich glaube an mich und an diese meine inneren Kräfte, die ich auch für meine Lebensziele einsetze.

- Glauben heißt Kräfte zu entfalten. Ich glaube an mich, an mein Glück, meinen inneren Frieden und meine positive Lebenseinstellung.

- Ich mache mir ein Bild von mir selbst und von meinen inneren Kräften, von meiner Harmonie und Energie. Dieses Bild ist lebendig in mir. Ich freue mich an diesem Bild, an meiner Vitalität und Gesundheit.

- Ein neues Leben, eine neue, kraftvolle, positive Lebenseinstellung entstehen in mir. Es ist ein Leben voller Freude und Harmonie, voller Glück und Gesundheit, welches in mir wächst.

- Nun verweile ich noch einige Zeit (ca. 10 Minuten) in einer stillen, meditativen Haltung. Ich mache mir Bilder von meinem neuen Leben voller Glück und Frieden, von meinen neuen Kräften, meiner neuen Lebenseinstellung.

- *Lenken Sie nun Ihre Aufmerksamkeit wieder nach außen*, auf Ihren Atem. Vertiefen Sie allmählich Ihre Atemzüge. Atmen Sie mehrmals tief ein und aus.

- Strecken und dehnen Sie dabei Ihren Körper nach allen Seiten und kommen Sie heiter und froh in das Hier und Jetzt zurück.

5. Quellen seelischer Kraft

Der Seele Halt geben

Wissen Sie eigentlich, wie es momentan um Ihre Seele bestellt ist? Gibt Ihnen Ihre Seele Halt, eine Perspektive, zeigt sie Ihnen den Weg in ein erfülltes, sinnvolles Leben?

Wer erschöpften Menschen begegnet, stellt immer wieder fest: Sie sind oft resigniert, mutlos, ja oft leb- bzw. seelenlos, atemlos. Ihnen fehlen die inneren Antriebsquellen. Sie sprechen davon, dass sie Zeit zum Atemholen, Zeit für sich brauchen, um neue Hoffnung zu schöpfen, um von Lebens-Freude erfasst zu werden.

Offensichtlich sind die Quellen der Seelen-Kräfte verschüttet, versiegt. Das, woraus wir in der Regel leben, gibt plötzlich nichts mehr her. Viele Menschen fühlen sich leer, ausgetrocknet, sind nicht mehr spontan, schöpferisch, sie spüren sich selber nicht mehr, sind ausgelaugt, ausgebrannt (Burnout), vom Leben überfordert, depressiv, vom Druck der Überforderung erdrückt.

Diese Menschen brauchen seelische Kräfte, Lebensenergie, Lebensfreude.

Dazu ist es notwendig, die Seele baumeln zu lassen, sie im Alltag zu erfrischen. Es ist jedoch mehr als Entspannung und Erholung, was unsere Seele erfrischt und erfreut, was uns wieder Frische und Lebendigkeit verleiht.

Wir brauchen Zeit und Regelmäßigkeit, um aufzuatmen, den Akku aufzuladen, immer wieder, denn die geladene Batterie ist in unserer überfordernden Zeit schnell leer.

5.1 Das Verständnis von Seelen-Quellen

Doch die Quellen unserer Seelenkräfte sind oft unter einer dicken Lebens-Erd-Kruste verborgen. Sie müssen erst freigeschaufelt werden. Auch psychotherapeutische Verfahren wie Verhaltens- und tiefenpsychologische Gesprächstherapien reichen nicht aus. Die Seele ist kein Organ, nicht identisch mit dem Körper und der Psyche. Die Seele ist vielmehr ein enormes, unbegrenztes, sogar unbewusstes Feld von Energie und Bewusstsein, das mit unserem Geist, unseren Gefühlen, aber auch mit außerpersönlichen und unbewussten Energien, mit Glaubenskräften, mit Vorlieben, Gewohnheiten, Glücksmomenten, mit Freude und Liebe verbunden ist. Was die Seele ist, lässt sich so einfach nicht beantworten.

Viele traditionelle Interpretationen benutzen zur Veranschaulichung der Seele das Bild der Welle im Meer. So wie eine Welle ein kleiner Teil des Meeres ist, so auch die Seele Teil des Lebens und des Kosmos, des Geistes, des Unbewussten und Überpersönlichen. So wie unser Unbewusstsein Teil von jedem Einzelnen, aber zugleich auch Teil der Lebens-, Natur- und übernatürlichen Energie ist, so auch unsere Seele. Die Quellen seelischer Kraft sind also vielfältig feinstoffliche Energiefelder. In der griechischen Philosophie (um 600 v. Chr.) wurde die Seele mit Atem in Verbindung gebracht. Ohne Atem kein Leben. Atem ist wie Seele das belebende Prinzip von Pflanzen, Tieren und Menschen. Ohne Seele kein Lebensgefühl, keine Lebensfreude, ohne Seelen-Kräfte können wir uns selbst und unsere Lebendigkeit nicht mehr spüren. Wir leiden unter einer trostlosen Leere. Manche glauben dann, sie hätten ihre Seele verloren, ihren Glauben an sich und das Leben. Ihnen sind die Hoffnung und Liebe zu sich und anderen verlorengegangen.

Wir brauchen also Quellen seelischer Kraft, um im Meer des Lebens nicht unterzugehen, um gesund und voller Energie zu leben.

5.2 Quellenbereiche der Seelenkräfte

Was können wir tun, um unsere Seelenkräfte zu mobilisieren und uns vor einem „Seelen-Blues", vor Seelennot bzw. Seelenleid zu schützen? Wir suchen oft nach komplizierten Lösungen. Doch es sind meistens die einfachsten Dinge, die uns seelische Kraft oder gar Ausgeglichenheit schenken, die uns zufrieden oder gar glücklich machen. Dazu gehört z. B. ein paar Augenblicke die Sonne genießen, die Schönheit einer Pflanze betrachten, ein Spaziergang im Wald, aber auch regelmäßige Meditation, Yoga und eine genussvolle, vitalstoffreiche Mahlzeit. Die Möglichkeiten sind nahezu unbegrenzt, vorausgesetzt, unsere Seele kann in Ruhe betrachten und die Schönheit im Leben, in der Natur, der Musik, der Stille genießen. Seele will entspannt und in Ruhe die Lebenswege begleiten und auch die persönlichen und überpersönlichen Einflüsse erschließen und sich damit aufladen, um uns und unserem Leben neue Wege zu erschließen, einen neuen Kick und Sinn aufzuschließen. Die folgende Übersicht zeigt sechs wichtige Seelenquellen.

Quellen seelischer Kraft

1. Alltag gestalten und be-seelen
Seine Alltagsaufgaben gestalten und mit Seele, mit Sinn erfüllen. Dadurch entsteht Lebens- und Arbeitsfreude, eine emotionale Zufriedenheit. Stress und Erschöpfung lassen sich leichter vermeiden. Alles, was man mit Seele und damit mit Sinn und Freude tut, ist weniger belastend und eher erfüllend. (Siehe Schaubild: Die Dualität des Alltags-Lebens)

2. Über den Körper die Seele pflegen
Die Körperhaltung und auch die Körpervitalität haben Einfluss auf unsere geistig-seelische Verfassung. Sie wirken auf die Seele. Entspannung, Bewegung, Licht, Schlaf, emotionale Balance sind Wege zur Seele. Zugleich gibt es aber auch körperliche Risikofaktoren für seelisches Wohlbefinden. Hier gilt, was die heilige Teresa von Avila sagte: „Tue deinem Leib Gutes, dass deine Seele Lust bekommt, bei dir zu wohnen."

3. Besinnung und Stille ermöglichen
Die Seele entfaltet sich nur in der Stille. Deshalb sind Muße, Besinnung, Meditation und Kontemplation Quellen seelischer Kraft.

4. Der Geist als Seelenstärker

Ein entspannter, gelassener Geist ist der Nährboden für seelische Stärkung. Deshalb sind geistiges, inneres Gestalten wie z. B. kreativ-konstruktives Denken, Freude, Vertrauen, Zuversicht, Lächeln, Heiterkeit, innerer Friede, Glaube, Spiritualität, Hoffnung, Liebe, Mind-Coaching wichtige Quellen der Seele.

5. Soziale Seelenkräfte pflegen und nutzen

Der römische Philosoph Cicero meinte schon: „Durch nichts ist der Mensch Göttern näher, als wenn er seinem Nächsten Gutes tut." Aber auch heute hängt ein erfülltes Leben von einer echten Beziehung zu anderen und einem Einsatz für andere ab. Neuerdings haben die Neurobiologen nachgewiesen, dass unser Gehirn auf Kooperation und soziales Miteinander angelegt ist. Diese sozialen Seelenkräfte lassen sich z. B. durch Zuneigung im Gleichklang mit anderen, Freundschaft, Rituale, Feste, Engagement für andere wecken.

6. Heilsame Impulse im Leben fördern

Die Seele lebt auf, kann sich entfalten durch Naturverbundenheit, durch Musik, Kunst, Literatur, durch Licht, Sonne und Wasser. Ein entspanntes Genießen weckt heilsame Impulse und Seelenkräfte in uns.

Die Dualität des Alltags-Lebens

Die Seele repräsentiert das, was im Alltag beim Tätigsein und Gestalten des Lebens mitschwingt.

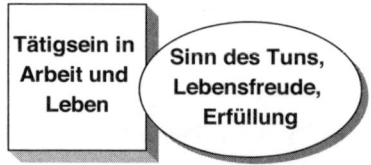

Tätigsein in Arbeit und Leben

Sinn des Tuns, Lebensfreude, Erfüllung

Die Seele als spirituelle Intelligenz (Spirit)

– die überall im Leben mitschwingt, wahrgenommen bzw. verschüttet wird.
– eine Energie in Form von
  Sinn, Erfüllung, Flow,
  aufkommender Lebensfreude
  intuitiver Orientierung, Lebenssteuerung,
  emotionaler Zufriedenheit

5.3 Seelische Quellen freilegen

Erschöpfte und ausgebrannte Menschen sehnen sich nach Kraftquellen, aus denen sie schöpfen können. Viele wollen ihren Akku wieder aufladen und mit den eigenen inneren Kraftquellen wieder in Berührung kommen, ihre seelischen Ressourcen wieder nutzen können.

Oft sind diese Quellen durch die Lebenshektik, durch materielles Denken, durch fehlende Zeit für mich verschüttet. Sie müssen wieder freigelegt werden, damit wieder genügend Energie in mein Denken und Tun fließen und in mir etwas aufblühen kann (siehe Schaubild „Zuschütten der Seelenquellen").

Um diese seelischen Quellen wieder zu erschließen, brauchen wir Zeit zur Stille und Besinnung, um die Schale aufzubrechen, die den Kern der Seelenkräfte umhüllt. Wir brauchen Muße, auch die tieferen Dimensionen, den Sinn unseres Alltagstuns zu betrachten, um uns einem Naturereignis oder gar im Gebet an einen Gott hinzugeben. Oft sind es unsere verstandesorientierten professionellen Haltungen, die der Seele nicht gut tun, oder negative Emotionen einer aufgeklärten, analytischen Zeit, die den Blick auf das Ganze und damit auf die „leise Seelenstimme" versperren.

Doch zunehmend haben die Menschen heute das Bedürfnis, mit den seelischen Kräften in Berührung zu kommen. Vor allem junge Menschen suchen den Kontakt zu Gott, zu einem Glauben, der mehr ist als sichtbares Erkennen. Für sie besteht oft Glaube darin, das für wahr zu halten, was sich nicht beweisen lässt, was aber Zuversicht, Hoffnung und Anerkennung freisetzt.

Quellen der Seelenkraft sind also die bewussten und unbewussten Energien, Erfahrungen und Botschaften, die im Inneren eines Menschen und in der äußeren Welt zu finden sind. Seelenquellen erschließen sich also durch persönliche Gefühle, durch Mind-Coaching, z.B. durch entspanntes Visualisieren, durch Meditation, aber auch durch Verhaltens- und Wertvorstellungen wie Mitgefühl oder durch Hingabe an die Botschaften Gottes. Anselm Grün beschreibt das Erschließen der seelischen Quellen wie folgt (in: Quellen innerer Kraft, Freiburg 2005, S. 10):

> „Für mich ist das ein schönes Bild: Wenn wir nicht genügend in
> die Tiefe gehen, dann stoßen wir nur auf trübes Wasser. Manchmal
> scheinen diese Quellen durchaus klar zu sein. Wir können daraus

unseren Durst stillen. Doch sobald wir eine Zeitlang daraus getrunken haben, versiegen sie. Es sind Quellen, die nur in der Oberfläche unserer Seele entspringen. Sobald es in unserem Leben hitzig wird, vertrocknen sie. Und sie trüben sich ständig durch die Einflüsse von außen. Manche Quellen sind auch in sich schon trüb, so dass sie nicht wirklich Energie spenden können. Wir dürfen also nicht an der Oberfläche bleiben, wenn wir klares, lebensspendendes Wasser haben wollen. Wir müssen vorstoßen bis zu jenen Quellen, die uns wirklich erfrischen, die unser Leben befruchten und die das Trübe in uns klären."

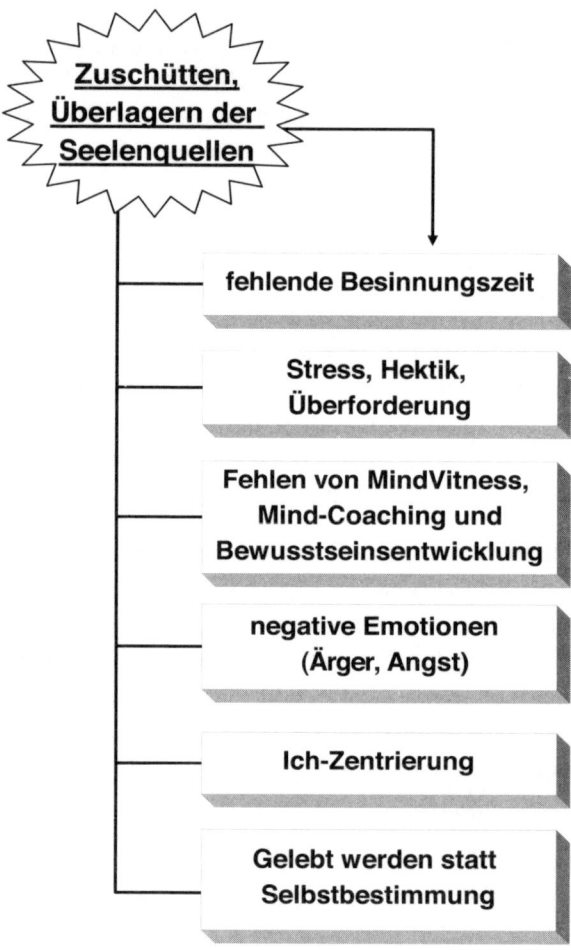

Alles im Leben, was uns die Möglichkeit gibt, schöpferisch, besinnlich, entspannt und sinnvoll zu leben und zu arbeiten, ist Nahrung für die Seele. Dazu gehört alles, was wir mit Freude und Liebe tun, vom erquickenden Waldspaziergang über das Hören von Musik, über sinnvolles Tun, z. B. Basteln, aber auch Sichvertiefen in eine Arbeit (Flow-Effekt). Seelennahrung heißt auch, eine Aufgabe zu haben, die mich innerlich erfüllt, sowie das Gefühl zu haben, gebraucht zu werden. Ausgetretene Pfade zu verlassen und neue Wege zu gehen fördert unsere seelische Entwicklung. Diese Quellen im Leben zu erschließen bringt innere Kraft und äußere Lebensqualität, lässt uns im Alltag ausgeglichen und gesund, voller Lebensfreude leben. All das stärkt unsere Seele. Das zeigt sich in folgenden Thesen zur Seelenstärkung.

Thesen zur Seelenstärkung

- Die Seele zeigt den Weg durchs Leben (Lebenskunst).

- Die Seele lässt den Alltag er-leben.

- Die Seele braucht Ruhe, Stille, Besinnung.

- Die Seele stärkt die geistig-emotionale Vitalität.

- Durch Körper-Balance, durch Ablenkung, Bewegung u.a. wird die Seele gestärkt.

- Eine ausgeglichene Seele erfüllt Körper und Geist mit freudvollen, stärkenden Schwingungen.

5.4 Quellenprogramm für die Seele

Wie kann ich die Quellen der Seele zum Fließen bringen? Wie kann ich die Seelenkräfte aktivieren, wie meine Seele trösten, sie wieder zum Sprechen bringen? Wie gewinne ich wieder Lebenssicherheit, Orientierung und Sinn? Wie lässt sich meine Seelenkraft verstärken?

Meine Seelenquellen lassen sich generell zum Fließen bringen durch

• die Fähigkeit, innezuhalten, bei sich selbst zu verweilen, sich Zeit und Raum zur Besinnung zu gönnen, damit die Seele schwingen kann. Wilhelm Busch hat dazu gesagt: „Nur in der Tiefe der Seele, mit Hilfe jener Kraft, die stärker ist als alle Vernünftigkeit, kann Trost und Ruhe gefunden werden."

• einen ruhigen Wohlfühlort, z.B. in Ihrem Wohnzimmer, in einem bequemen Sessel, bei Kerzenlicht und entspannender Musik, all das eignet sich dazu, zur Ruhe zu kommen.

Formen, um innere Quellen zum Fließen zu bringen

Es gibt eine Vielzahl von Formen, die unterschiedliche Akzeptanz finden. Hier eine kleine Auswahl:

1. Meditation

An Ihrem Wohlfühlort entspannen Sie sich und versuchen, Ihre Gedanken und Gefühle nicht zu beachten. Wenn Gedanken beim Meditieren hochkommen, stellen Sie sich nur vor, dass sie wie Wolken kommen und wieder vorbeiziehen. Sie selbst sitzen wie ein Berg, der entspannt daliegt und sich nicht um Wolken und Gedanken kümmert. Mit Hilfe Ihres Atems kommen Sie immer mehr zur Ruhe. Es ist keine Flucht vor dem Alltag, sondern ein Sammeln der inneren Kräfte, die Ihnen auch oft Orientierung bieten und Ihr Handeln im Alltag befruchten. Die seelisch-emotionalen Kräfte können wieder fließen, indem Sie sich auch lösungsorientierte innere Bilder ausmalen, die nicht trösten, die nur Auswege zeigen und so Ihr Unterwusstes energetisieren. Es geht also nicht um das Hochholen von Konflikten, Belastungen, sondern eher um ein positives Visualisieren.

2. Rituale

Rituale sind Wege, die zu den inneren Seelenquellen führen. Sie sind zeitliche und räumliche Ruhepole, Gewohnheiten. Es gibt viele Beispiele dafür, z. B.

- ein kurzes Morgengebet,
- eine Morgenbetrachtung. Noch im Bett, nach dem Aufwachen oder unter der Dusche stimme ich mich in den Tag ein. Ich betrachte die positiven Tageserwartungen, meine Wege, nehme Kontakt mit meiner Seele auf, denke an Begegnungen mit Menschen im Tagesverlauf, an das, was mir Freude schenken könnte.

Das Ritual bringt mich in Kontakt mit mir selbst, mit dem, was der Hektik des Tages entzogen ist.

> „Das ist heilsam für mich." So definiere ich mich morgens nicht schon durch die Termine, die heute anstehen, sondern ich spüre erst einmal mich selbst. Ich spüre den heiligen Raum der Stille in mir, in dem ich heil bin und ganz, frei und im Einklang mit mir selbst.
>
> A. Grün, Spiritualität, Münsterschwarzach 2007, S. 27

Rituale können aber auch „Workout-Pausen", Stoppings im Verlauf des Tages sein, z. B. eine Bildbetrachtung, eine Entspannungsmusik, ein kurzes Tagträumen, der Kontakt mit einem Seelenverwandten, einem Freund, bei dem ich Vertrauen und Zuneigung finde. Dort kann ich die Seele auftanken, dort erhält sie Trost. Jede Entspannungspause im Laufe des Tages – in Ruhe eine Verabredung mit mir selbst, z. B. im Kaffeehaus – kann ein Weg zum Seelenwärmen sein.

Seinem Gefühl folgen

In sich zu gehen und auf seine innere Stimme zu hören, führt einen dorthin, wo man mit sich allein ist.

Die vielen Menschen mit ihren zahlreichen Meinungen mögen uns zwar gut gemeinte Ratschläge geben, letztendlich können sie aber auch verwirren.

Legt man sich entspannt zurück, schließt die Augen,
vergisst den Alltag und lenkt all seine Gedanken
ins Innere, dann kann man die besten
Antworten auf viele Fragen des Lebens finden.
Denn was uns unsere innere Stimme sagt,
was wir aus dem Bauch heraus entscheiden,
ist unbeeinflusst von äußeren Eindrücken
und deshalb authentisch.

Gönnen wir uns ab und zu einen
bewussten Moment der Ruhe, den wir nutzen,
um in uns hineinzulauschen.
Wir werden sehen, dass wir reich an neuen
Gedanken wieder erwachen.

unbekannter Autor

Meditation: Gute Eigenschaften entfalten

Es gehört zur Förderung der Lebens- und Seelenquellen, verborgene und ungenützte Fähigkeiten zu entfalten. Dazu kann die folgende Übung beitragen.

Durchführung:

- Setzen Sie sich aufrecht und entspannt hin, auf einen Stuhl oder ein Sitzkissen.

- Atmen Sie einige Mal tief ein und aus. Beim Einatmen strömt goldgelbe Energie in den Körper, beim Ausatmen alles Verbrauchte hinaus.

- Schließen Sie die Augen und legen Sie die Hände locker auf die Oberschenkel. Die Handflächen sind nach oben geöffnet.

- Lenken Sie die Aufmerksamkeit auf das Herz. Atmen Sie goldgelbe Lichtstrahlen, Sonnenenergie in den Körper, in Ihr Herz. Genießen Sie diese Entspannung, das tiefe Wohlbefinden. „Ich bin entspannt und unbeschwert."

- Wenn Gedanken kommen, lassen Sie diese weiterziehen wie die Wolken am Firmament.

- Manche Menschen sehen in diesem Zustand der „Leere" das einströmende Licht, andere ein Symbol, andere eine Landschaft oder eine „Seelenquelle". Vielleicht spüren Sie die Seelenkraft der Liebe, eine Zuversicht, Geborgenheit. Vielleicht sehen Sie auch einen Moment of Excellence, eine Lebenssituation, in der Ihnen Liebe entgegengebracht wird oder in der Sie zuversichtlich durch das Leben gegangen sind.

- Visualisieren Sie eine solche Situation. Was sehen Sie, hören Sie? Was empfinden Sie? Was tun Sie in dieser Situation? Entfalten Sie diesen schönen Moment, diese Seelenkraft mit Ihrer ganzen Vorstellungskraft. Lassen Sie sich durchströmen von diesen Fähigkeiten.

- Wählen Sie nun für diese Situation ein Bild, eine Farbe, eine Körperstelle, die Sie später wieder benutzen können, wenn Sie diesen Zustand wieder aktivieren möchten.

- Kehren Sie nun ins Jetzt zurück, strecken und recken Sie sich und öffnen Sie die Augen.

6. Den Alltag be-seelen und gestalten

6.1 Mehr besinnliche Oasen im Alltag finden

Ein Leben, das uns Zeit lässt für Freude, für Bäume und Blumen, für Begegnungen mit netten Menschen, für Musik und Muße, für ein paar besinnliche Oasen und Zeitinseln stärkt unsere Seele und damit körperliche, geistige und emotionale Vitalität und Gesundheit.

In unserer hektischen, stressigen Zivilisation sind diese kleinen, besinnlichen Oasen und Zeitinseln, die uns seelisch-geistiges Gleichgewicht bringen, vom Aussterben bedroht. Wie können wir sie wieder zum Leben erwecken?

Unser Alltag erhellt sich, unsere Seelenenergie fließt wieder, wenn wir die Kraft zum Stress-out, zum „Leerlauf", aufbringen und uns z. B. an einem Sonnenuntergang erfreuen, unser Tun genießen können, eine Blüte bestaunen oder uns ganz ohne Abschweifung in das Gespräch mit einer Freundin vertiefen können. Sich diesen kleinen, erfüllenden Momenten hinzugeben bringt uns mehr Lebendigkeit, Ausgeglichenheit und Vitalität. Unsere Seele braucht Besinnung, Hingabe, Freude, sinnerfülltes Leben, ja Glück.

Fallbeispiel

Ingo Steuer, 52, verheiratet, 2 Kinder, beruflich sehr angespannt, arbeitet als Abteilungsleiter in einem Großbetrieb. Er ist einem enormen Arbeitsdruck ausgesetzt. „Ich tue meine Pflicht – mehr nicht. Zum Glück merkt niemand, dass mein Arbeitsstress mich zu einem ausgebrannten Perfektionisten gemacht hat. Meine Freude an der Arbeit ist mir abhanden gekommen, selbst wenn ich erfolgreich ein Projekt abgeschlossen habe. Es bleibt kaum noch Zeit zum Denken, zum Besinnen, ob das alles o.k. ist. Mein Tagesablauf lässt mir keine Zeit für mich, noch nicht mal zum Mittagessen in Ruhe. Mein Geist arbeitet nur noch mechanisch. Gefühle empfinde ich keine mehr – so wie beim Computer. Wenn ich abends spät nach Hause komme, bin ich kein Mensch mehr. Meine Seele ist mir abhanden gekommen – wie lange geht das noch so weiter mit mir?"

Gebet von Antoine de Saint-Exupéry

Ich bitte nicht um Wunder und Visionen, Herr,
sondern um Kraft für den Alltag.
Lehre mich die Kunst der kleinen Schritte.

Mach mich findig und erfinderisch,
um im täglichen Vielerlei und Allerlei
rechtzeitig meine Erkenntnisse und Erfahrungen
zu notieren, von denen ich betroffen bin.

6.2 Seelisch-spirituelle Alltagsgestaltung

Wie unterscheidet sich ein seelisch-spiritueller Mensch im Alltag von einem bloß funktionierenden?

Fallbeispiel

Petra Klamm, 38, ist Managerin. Sie sitzt oft im Zug auf dem Weg zu einem Geschäftstermin. Sie nutzt diese Fahrten im Zug und Flugzeug für ihre Arbeit mit dem Laptop. Doch die Fahrtzeiten nutzt sie auch zur Besinnung, als Zeit für sich, als arbeitsfreie Zeit ihres Lebens. Es sind keine Leerlaufzeiten, sondern Seelenkontaktzeiten, Zeiten, um geistig abzuklären, Emotionen zu verarbeiten, sich zu entspannen, um Abstand zu gewinnen und innere Orientierung und Kreativität zu fördern. Dadurch erhält sie sich Frische und Lebendigkeit. Für sie ist diese Besinnungspause eine Quelle der Kraft, der Vitalität und Gesundheit und letztlich des beruflichen Erfolgs. Sie hinterfragt ihre Arbeit.

Bei erschöpften und ausgebrannten Menschen fehlen diese Energiequellen. Sie haben das Gefühl, die Seelenquellen seien trüb geworden. Seelisch-spirituelle Menschen nutzen diese Energiequellen. Anselm Grün (Quellen innerer Kraft, Freiburg 2007, S. 1) drückt das wie folgt aus:

„Wenn ich an den inneren Kern herankomme, in dem alle Kraft gesammelt ist, dann wird genügend Energie in mein Denken und Tun fließen, dann wird etwas in mir aufblühen. In jedem von uns ist dieser innere Kern, voller Energie, voller Verheißung. Doch es braucht die Stille, um die Schale aufzubrechen, die diesen Kern umhüllt. Nur so wird er das Leben in uns zur Blüte bringen und reiche Frucht tragen."

Perfektionisten glauben: „Ich funktioniere professionell und muss mich in der Arbeit bewähren."

Spirituelles Leben

lässt sich nicht mit innerem Leben gleichsetzen; es besteht ebenso wenig nur aus gedanklicher Tätigkeit, wie es ausschließlich auf Wahrnehmungen oder Gefühlen aufbaut. Spirituelles Leben schließt weder die Gedankentätigkeit noch die Gefühle aus.

„Wenn der Mensch leben soll, so muss er vollständig leben, mit Körper, Seele, Intellekt, Herz und Geist."

Thomas Merton in seinem Buch „Zwiesprache der Stille"

Spiritualität im Alltag

„Spiritualität ist etwas in höchstem Maße Konkretes. Sie gewinnt Gestalt in dem banalen Alltag, in dem die meisten von uns leben und den wir, wenn wir es wünschen, beseelen können. Werte, Prioritäten, Ziele, Interessen – alles hat eine spirituelle Dimension."

Edward Harris in seinem Buch „Friends of God"

Wie können wir wieder mehr Schwung, seelisch-emotionale Kraft, Gelassenheit und Harmonie in unser tägliches Leben bringen?

Seelenkräfte im Alltag

„Was ist der Weg?",
wurde der Zenmeister Nan-Sen gefragt.
„Das tägliche Leben ist der Weg", antwortete er.

Irgendwann hat jeder von uns schon einmal ein tiefes Empfinden innerer Harmonie, des Glücks gehabt. Vielleicht geschah es auf einer langen Wanderung oder beim Anblick eines geliebten Menschen. Doch diese innere Glück-Seligkeit hielt nicht lange. Vielleicht überlegten Sie sich im Nachhinein, wie Sie diesen Moment wieder erneuern könnten.

Solche seelisch-spirituellen Erfahrungen sind in unserer hektischen, materiell-nüchternen Welt immer seltener. Viele Menschen können sich nicht auf das Leben einlassen, darin aufgehen, sich in einen Flow versetzen, bei ihrem Alltagstun nicht das Band zu ihrem Geist, zu ihrer Seele knüpfen.

Arbeiten und Leben in Resonanz mit inneren Kräften, mit seinen persönlichen Gefühlen, geheimen Wünschen und Begrenzungen, mit seiner Lebensfreude, seinem Mitgefühl für andere fördert die Spiritualität im Alltag.

Überforderung, Stress, Macher-Mentalität und Orientierungslosigkeit dominieren oft im Alltag. Viele Menschen sind innerlich seelisch und emotional ausgebrannt (siehe Fallbeispiel), leiden an „Seelen-Blues".

Wie können wir im Alltag also wieder in Resonanz mit unserem Inneren, unserer Seele kommen, Spiritualtät in einem oft außengeleiteten Alltag finden? Wie zapfen wir im Geschäft des Alltags unsere inneren Quellen an, um Stress, Lebensblockaden und Orientierungslosigkeit zu überwinden? Wie können wir seelische Energie freisetzen und Spiritualität im Alltagsleben umsetzen, pflegen?

Fallbeispiel

Der Kontakt zu mir war verlorengegangen

Peter Bretter, 42, Geschäftsführer eines Energie-Serviceunternehmens mit 22 Mitarbeitern, verheiratet.

Der berufliche Erfolg war Peter immer wichtig. Stress, Hektik, Probleme mit Mitarbeitern, Druck durch Steigerung der Verkaufszahlen u.a trieben ihn um. Heute hier, morgen da und abends im Büro. Seine Frau sah er nur noch selten. So ging das schon seit Jahren.

Mit der Zeit zehrte das alles an ihm. Er war immer öfter lustlos, kam oft schwer aus dem Bett. Aber was soll das? Er überwand sich, fuhr weiter ins Büro, obwohl er absolut lustlos war. Die kleinste kritische Bemerkung warf ihn völlig aus der Bahn. Seine Frau machte Druck: „Ich kenne dich nicht mehr wieder. Du funktionierst nur noch, wie seelenlos." Er musste Mitarbeiter, die schon lange im Betrieb gearbeitet haben, plötzlich – ohne Emotionen – freistellen. „Ich spüre mich selbst nicht mehr. Lebensfreude und Gefühle sind mir abhanden gekommen", meinte Peter schließlich. Er hatte Angst, zu versagen, als Weichling dazustehen. Doch eines Tages ging nichts mehr. Burnout – er hatte den Bezug zu sich selbst und zur Realität verloren.

In der Klinik erkannte er dann: Ich war immer nur für andere da, Zeit für mich gab es nicht. Aufgetankt habe ich nie. Jetzt muss ich den Blick endlich nach innen richten und herausfinden, was mich erfüllt.

Vielfältige Wege zu den seelischen Alltagsquellen

Antworten, wie wir Zugang zu unseren seelischen Energien im Alltag finden, haben im Laufe der Zeit viele Weisheitslehrer gegeben.

Hier einige Beispiele (siehe Übersicht auf der nächsten Seite).

Lebens-Quelle

„Blick in dein Inneres!
Dort ist die Quelle des Guten,
und wenn du immer nachgräbst,
kann sie immer hervorsprudeln."
Marc Aurel

Auf die Stimme im Inneren lauschen

„Können Sie zur Ruhe kommen und Ihren
Blick nach innen richten? Falls ja, werden Sie
erkennen, dass die Wahrheit stets zugänglich
ist, dass sie stets Antworten gibt."
Lao Tse

Ordensgründer *Benedikt von Nursia* (um 480 bis 547) prägte das christliche Mönchtum. Nach seiner Regel bildet die Sorge um Leib und Seele eine Einheit.

Die Regeln von Benedikt von Nursia (480 – 547)

Benedikt nennt in seinen Regeln drei Bausteine für ein seelisch-spirituelles Leben seiner Mönche:

• das Gebet
• die geistige Lesung
• und die Arbeit

Alle drei Lebenselemente erhalten in einer klaren Tages-, Wochen- und Jahresstruktur einen angemessenen Anteil. Dieses Alltagsprogramm sollte auch für normale Menschen gelten, damit durch den vorgegebenen Rhythmus Körper, Geist und Seele in Einklang bleiben. Er erkannte, dass das seelisch-geistige Leben zur Alltagsarbeit dazugehört und dass sich die Menschen regelmäßig Zeit zur Besinnung nehmen müssen. Für Benedikt gehörte zur Arbeit auch das Seelisch-Spirituelle. Arbeit und Seelenpflege gehören zusammen.

Alltag erleben und gestalten bedeutet:

• seine Arbeit zu verrichten, sein Leben zu bewältigen, aber gleichzeitig

• in Resonanz mit seiner inneren Stimme, mit dem Sinn des Tuns, mit der Arbeits- und Lebensfreude verbunden zu sein, um so Lebens- und Arbeits-Balance zu halten und Energie-Potenzial aufzufüllen, sich nicht zu überfordern.

Zur Entfaltung der Seelenkräfte für unser Bewusstsein und um die Energie-quellen für den Alltag zu erschließen, ist es nötig, die Wege der Spiritualität zu nutzen. Spirituelles Leben und Verhalten mobilisiert die Seelenkräfte wie Zu-versicht, Glauben, Hoffnung, Begeisterung, Lebensfreude, liebende Hingabe.

Die spirituellen Wege, solche Seelenenergien freizulegen, zu mobilisieren, sind z. B.:

- Ruhe, Stille, Entspannung,
- Besinnung, Rückzug,
- Pausen, Reflexion,
- Meditation,
- Gebet,
- Mentaltraining, Mind-Coaching (Seelen- und Geist-Coaching)

Oft hört man die Menschen von heute sagen: „Ich komme nicht zum Leben!" Seneca stellt dazu fest:

„Weil alle, die dich in Anspruch nehmen, dich dir selbst entziehen. Durch-mustere die Tage deines Lebens und du wirst sehen, wie wenige auf deinem Konto verbleiben, die dir selbst gehören. Wer hingegen richtig lebt, jeden Augenblick nützt und jeden Tag so einrichtet, als wäre er der letzte, der lebt im ewigen Jetzt."

7. Den Alltag neu be-seelen.
Ein Programm für mehr Lebensqualität

Für eine moderne, ganzheitliche Lebensgestaltung wird folgendes Programm
zur Beseelung und zur Verbesserung der Lebensqualität entwickelt.

7.1 Komm zu dir – Nimm dir Zeit für dich

7.1.1 Die neue Zeit-Krankheit

Momo starrte Meister Hora fassungslos an. Leise fragte sie: „Und was ist das für eine Krankheit?"

„Am Anfang merkt man noch nicht viel davon. Man hat eines Tages keine Lust mehr, irgendetwas zu tun. Nichts interessiert einen, man ödet sich an. Aber diese Unlust verschwindet nicht wieder, sondern sie bleibt und nimmt langsam immer mehr zu. Sie wird schlimmer von Tag zu Tag, von Woche zu Woche. Man fühlt sich immer missmutiger, immer leerer im Innern, immer unzufriedener mit sich und der Welt. Dann hört nach und nach sogar dieses Gefühl auf, und man fühlt gar nichts mehr. Man wird ganz gleichgültig und grau, die ganze Welt kommt einem fremd vor und geht einen nichts mehr an. Es gibt keinen Zorn mehr und keine Begeisterung, man kann sich nicht mehr freuen und nicht mehr trauern, man verlernt das Lachen und das Weinen. Dann ist es kalt geworden in einem und man kann nichts und niemand mehr lieb haben. Wenn es einmal so weit gekommen ist, dann ist die Krankheit unheilbar. Es gibt keine Rückkehr mehr, man hastet mit leerem, grauem Gesicht umher, man ist genauso geworden wie die grauen Herren selbst. Ja, dann ist man einer der ihren. Diese Krankheit heißt: Die tödliche Langeweile."

Michael Ende, Momo

Zeit erleben statt sie totschlagen

In unserer hektischen Zeit versuchen viele Menschen, die Zeit totzuschlagen, weil sie für Belastendes, für Arbeit, für außengeleitetes Tun steht. Wir schlagen die Zeit tot, um diesen Belastungen zu entgehen. Das geschieht oft, indem wir durch das Fernsehprogramm zappen oder unsere Freizeit mit leeren Aktivitäten vollstopfen. Wir reden über Belangloses.

Dabei verpassen wir die Gelegenheit, uns selbst zu begegnen, die Zeit sinnvoll für Besinnung und für die Erschließung von Seelenquellen wie Freude, gute Gefühle, Selbstreflexion zu nutzen, Zeit also zu er-leben.

Mit der Erfindung der Uhr im 14. Jahrhundert wurde die Eigenzeit, die Zeit für mich selbst, immer knapper. Wir verwandten die Uhr zunächst zur pünktlichen Zeitmessung, dann zum Zeitsparen. Schließlich hat sie uns zu Zeitdienern gemacht. Sie beherrscht unseren Tagesablauf, ohne uns Zeit für uns selbst zu lassen. Zeitmanagement war ein Weg in den Burnout. Mit dem Beginn der Zeitmessung haben wir uns von den Natur-Rhythmen entfernt. Unser Leben besteht nun aus Minutentakt, folgt nicht mehr dem Lebensrhythmus von Hell und Dunkel, von Ruhe und Aktivität, von Jahreszeiten. Wir sind oft nicht mehr Herr über unsere Lebenszeit.

Fortschritt

Wir erleben einen phantastischen Fortschritt, aber die Menschen sehen nicht glücklich dabei aus. Der Motor des Fortschritts heißt: Zeit ist Geld, aber die Menschen werden in dieser Maschinerie zermahlen. Wenn die Zeit für das Leben nur Zeit für das Geld ist, sind die Menschen bald am Ende. Die „Zeit-ist-Geld"-Maschine produziert kein Lebensglück. Das wächst nur auf dem Grund und Boden der Liebe.

„ Was nützt das ganze Tempo,
wenn du doch anhalten musst?
Was nützt der ganze Reichtum,
wenn du doch arm sterben musst? "
Phil Bosmans

Zeit nehmen

Alles, was wir brauchen,
ist tief in uns verborgen und wartet darauf,
sich zu entfalten.
Wir müssen nichts tun,
außer still werden und uns Zeit nehmen,
um nach dem zu suchen,
was wir in uns tragen.
Eileen Caddy

Ich wünsche dir Zeit …

Ich wünsche dir nicht alle möglichen Gaben.
Ich wünsche dir nur, was die meisten nicht haben:
Ich wünsche dir Zeit, dich zu freuen und zu lachen,
und wenn du sie nützt, kannst du daraus was machen.

Ich wünsche dir Zeit, für dein Tun und dein Denken,
nicht nur für dich selbst, sondern auch zum Verschenken.
Ich wünsche dir Zeit, nicht zum Hasten und Rennen,
sondern die Zeit zum Zufrieden-sein-Können.

Ich wünsche dir Zeit, nicht nur so zum Vertreiben,
ich wünsche, sie möge dir übrigbleiben
als Zeit für das Staunen und Zeit zum Vertrau'n,
anstatt nach der Zeit auf der Uhr nur zu schau'n.

Ich wünsche dir Zeit, nach den Sternen zu greifen,
und Zeit, um zu wachsen, das heißt, um zu reifen.

Ich wünsche dir Zeit, neu zu hoffen, zu lieben.
Es hat keinen Sinn, diese Zeit zu verschieben.

Ich wünsche dir Zeit, zu dir selber zu finden,
jeden Tag, jede Stunde als Glück zu empfinden.
Ich wünsche dir Zeit, auch um Schuld zu vergeben.
Ich wünsche dir:

Zeit zu haben zum Leben.

Unbekannter Autor

Mechanisches und spirituelles Verständnis von Zeit

Ein alter Indianer gab einem forschen weißen Geschäftsmann zur Antwort:

„Ihr habt die Uhren, wir haben die Zeit.“

Eine solche Aussage zeigt, wie wir mit der Zeit umgehen und unsere Lebensgestaltung vornehmen.

Zeit ist unser Chronometer

Die Griechen verstanden unter Chronos die messbare Zeit. In unserer Zivilisation unterwerfen wir unseren Lebenslauf der messbaren Zeit, planen oft den Tagesablauf minutengenau. Terminkalender und Zeitmanagement besitzen einen hohen Stellenwert. Der Gott Chronos war ein Tyrann. Auch unser Zeitkorsett lässt uns oft keinen Spielraum für Besinnung, Lebensfreude, für das Erschließen der Seelenquellen.

Zeitqualität (Kairos)

Wie unser Indianer verstanden auch die Griechen unter Kairos den rechten Augenblick, die willkommene Zeit, eine besondere Qualität von Zeit. Den Augenblick ergreifen, sich auf die Zeit-Pause einlassen, sie nutzen, um ganz Ich zu sein, sie nicht quantitativ mit Tätigkeiten ausfüllen, sondern mit Besinnung, Stille, mit Seelenkraft. Die Zeit genießen, sie stillstehen lassen, innehalten oder etwas tun für mich (Zeit für mich), das bedeutet Zeitqualität (Kairos).

Ein neues Zeit-Bewusstsein

„Die Rechnung ist falsch und geht doch auf.

Es gibt ein großes und doch ganz alltägliches Geheimnis. Alle Menschen haben daran teil, jeder kennt es, aber die wenigsten denken je darüber nach. Die meisten Leute nehmen es einfach so hin und wundern sich kein bisschen darüber. Dieses Geheimnis ist die Zeit.

Es gibt Kalender und Uhren, um sie zu messen, aber das will wenig besagen, denn jeder weiß, dass einem eine einzige Stunde wie eine Ewigkeit vorkommen kann, mitunter kann sie aber auch wie ein Augenblick vergehen – je nachdem, was man in dieser Stunde erlebt. Denn Zeit ist Leben. Und das Leben wohnt im Herzen."

Michael Ende, Momo

Zeit als seelische Erfahrung

Schon Augustinus erkannte, dass Zeit nicht so sehr für eine sachliche Arbeit, für Beschäftigung gebraucht werden soll, sondern auch für Subjektives, für seelische Erfahrung. Wenn ich beseelt die Zeit nutze, werde ich von ihr erfüllt. Das ist das, was man den Floweffekt nennt. Körper, Geist und Seele sind erfüllt. Wir erfahren Sinn, Freude, Hingabe, innere Bereicherung.

„Nimm dir Zeit zu arbeiten – das ist der Preis
des Erfolgs.

Nimm dir Zeit zu denken – das ist die
Quelle der Macht.

Nimm dir Zeit zu spielen – das ist das
Geheimnis der ewigen Jugend.

Nimm dir Zeit zu lesen – das ist die
Grundlage der Weisheit.

Nimm dir Zeit, freundlich zu sein – das ist
der Weg zum Glück.

Nimm dir Zeit zu träumen – sie bewegt
dein Gefährt zu einem Stern.

*Nimm dir Zeit zu lieben und geliebt zu
werden – das ist das Vorrecht der Götter.*

*Nimm dir Zeit, dich umzusehen – der Tag
ist zu kurz, um selbstsüchtig zu sein.*

*Nimm dir Zeit zu lachen, das ist die Musik
der Seele. "*

Aus Irland

Die Seele braucht genau wie unser Körper und unser Geist ebenso viel Zeit wie Arbeit und äußere Aktivitäten Die Seele will gepflegt werden. Wir brauchen Zeit für besinnliches Lesen, zum Träumen, zum Lieben, zum Beten. In solchen Ruheoasen im Alltag können wir neue Kraft holen, Seelenenergien auftanken, uns neu orientieren und uns vor Zerstreutheit und seelisch-geistiger Überfütterung schützen. In solchen Verschnaufpausen finden wir Lebenssinn, Zugang zu uns selbst und zu Gott.

Zeit für mich, für Ruhe und Besinnung bedeutet

* anhalten und aussteigen aus dem Hamsterrad des Lebens,
* sich selbst erleben, zu sich selbst kommen,
* uhrfrei leben,
* eine Verabredung mit sich selbst haben,
* mit sich allein, jedoch nicht einsam sein.
* „Im Alleinsein widmen wir uns aufmerksam unserem Leben, unseren Erinnerungen, den Details unserer Umgebung." (Virginia Woolf)

* Wir holen uns Kraft und Selbstvertrauen für die äußere Welt, denn alles, was wir für unser äußeres Leben halten, beginnt in uns selbst. Wir entdecken uns dabei selbst.

Viele Menschen kennen sich heute selbst nicht mehr und sind deshalb fremdbestimmt, den Einflüssen bzw. Manipulationen von Werbung, Arbeit und Zeitgeist ausgesetzt. Es gilt nicht mehr „Ich bin O.K – Du bist O.K", sondern oft „Ich bin nicht O.K – Du bist nicht O.K".

Deshalb ist es ganz wichtig, sich selbst kennenzulernen, mit sich selbst ins Reine zu kommen, zuerst die Herausforderungen und inneren Zweifel mit sich selbst auszumachen, bevor wir uns anderem zuwenden. Eine harmonische Be-

131

ziehung mit sich selbst ist die Voraussetzung für eine gute Beziehung zu anderen Menschen und zum Leben. Das wussten schon die alten Lebenslehrer.

„Das höchste Gut ist die Harmonie der Seele mit sich selbst."
Seneca

„Die Ruhe der Seele ist ein herrliches Ding,
und die Freude an sich selbst."
J. W. von Goethe

„Es gibt eine Vollkommenheit, tief inmitten von allem Unzulänglichen.
Es gibt eine Stille, tief inmitten aller Ratlosigkeit.
Es gibt ein Ziel, tief inmitten aller weltlichen Sorgen.
Das bist Du."
Buddha

Horche in dich hinein

Horche auf deine innere Herzensstimme,
Die dich zu dir selbst führt,
Zum tiefen Grund deines Daseins
Und zu deiner ureigenen Aufgabe auf dieser Welt.

Erkenne in dir jene Herzensworte,
Die dich wirklich lebendig werden lassen
Und dir die Kraft zum Mitsein
Und zum Engagement schenken.

Horche auf deine innere Herzensstimme,
Um zu erkennen,
Welche unruhigen Stimmen
Dich fremdbestimmen und blockieren
Und welche tiefe innere Stimme der Intuition
Dich zum Geradestehen für dein Leben aufrichtet.

Erkenne in dir jene Herzensworte,
Die sich in der Fülle der Informationen
In deinem Seelengrund gesetzt haben,
Weil sie sich bewährt haben,
Und erahne in ihnen die göttliche Stimme,
Die auch dir ins Herz geschrieben ist.

Pierre Stutz, Herzensworte 2002

7.1.2 Die Zeit richtig verteilen

Spirituell gestaltete Zeit verteilt sich in dreifacher Weise:

- auf sich selbst,
- auf das soziale Umfeld,
- auf das Transzendente, auf das Religiöse.

Die Eigenzeit für sich selbst, die Zeit für mich, kommt bei vielen Menschen zu kurz. Die äußeren Umstände wie Arbeit, aber auch Zeit für andere halten unsere Aufmerksamkeit in ihrem Bann. Die transzendente Zeit besteht im Gebet, im Glauben an einen Gott. Es ist eine Gottes-Dienst-Zeit, die sich aber auch in der Suche nach etwas Höherem äußert, unabhängig von der traditionellen Kirchenlehre. Gesund und spirituell leben bedeutet die Synchronisation der drei Zeitdimensionen. Alles sollte im Sinne eines erfüllten Lebens seine Zeit haben, damit

- ein entspanntes, ganzheitliches Leben möglich ist,
- eine Work-Life-Balance und eine Ich-Du-Balance möglich ist.

Bedenke deshalb folgende Aussagen:

- Nimm dir Zeit für dich, das ist die Quelle deiner Kraft.
- Nimm dir Zeit zum Arbeiten, sie ist Quelle der Erfüllung und Lebensbasis.
- Nimm dir Zeit für Familie und Freunde, denn du kannst nicht allein leben.
- Nimm dir Zeit für eine „Andacht", für Höheres, denn sie überdeckt die Mühsale des Lebens.
- Nimm dir Zeit zum Lieben, Liebe ist die Quelle von Glück und Geborgenheit.

Ruheinsel im Alltag

Um in der Hektik und den Verlockungen unserer Zeit zur Ruhe zu kommen, um Körper, Geist und Seele aufeinander abzustimmen, brauchen wir Ruheinseln im täglichen Geschehen, brauchen wir kurze Stoppings, z. B. in Form von Entspannungsübungen, von besinnlichen Texten, von Momenten des „Ausstiegs", von Augenblicken der Seelenruhe, von Meditation. Oft genügen kurze Worte der Besinnung wie Stille, Entspannung, Gelassensein. Wenn wir uns diese Worte – wie ein Mantra – innerlich sagen und sie nachklingen lassen, stellt sich oft ein solcher Zustand ein.

Auch die folgenden Übungen können helfen, zu sich selbst zu finden.

Übung

Tiefe Bauchatmung und Entspannung

Anlass

Der Tag ist hektisch, Menschen, Telefon, Arbeit zehren an Ihren Nerven. Wie komme ich aus dieser Spannung heraus, wie schaffe ich es, der Seele Luft zum Atmen zu geben?

Ziel

Regelmäßiges, natürliches, tiefes Bauchatmen hilft uns, emotionale Störungen, körperliche Ermüdbarkeit aufgrund der eingeschränkten Sauerstoffzufuhr durch flaches Atmen zu überwinden. Entspannung und eine neue Ausgeglichenheit treten ein.

Durchführung

- Im Verlauf des Tages innehalten und einfach bewusst ein- und ausatmen.
- Langsam tief einatmen, die Luft tief in den Bauchraum einsaugen und bis vier zählen. Dann kurz Atem anhalten (ein, zwei Sekunden).
- Ausatmen und im Geist sagen: vier, drei, zwei, eins.
- Das Ganze zwei- bis dreimal wiederholen.
- Genießen Sie, wie sich Körper und Geist entspannen und die Seele sich wohlfühlt.
- Wenden Sie sich wieder Ihrem Alltag zu.

Übung

Mehr Entspannung und Konzentration durch Fingeryoga

Anlass

Um den Alltag, das Tätigsein kurz zu unterbrechen, sich zu besinnen, z. B. auf seine Finger, um kurz abzuschalten und neue Kraft zu tanken, eignen sich folgende Fingerübungen:

Ziel

Durch einfaches Zusammenlegen der Finger (sanft oder mit etwas Druck) können Sie sich besänftigen, Müdigkeit vertreiben, Spannung lösen und Ihre Konzentration fördern. Sie können so wieder zu sich selbst kommen.

Durchführung

• Legen Sie etwa 10 Sekunden lang Ihren Ringfinger und Daumen mit leichtem Druck aneinander. Die übrigen Finger bleiben in entspannter Haltung gestreckt. Versuchen Sie nicht zu denken, Gedanken ziehen wie Wolken von dannen.

• Legen Sie jetzt die Spitzen von Ringfinger und kleinem Finger mit der Daumenspitze zusammen. Die übrigen Finger bleiben gestreckt. Genießen Sie, wie Sie ruhiger werden. Auch Ihre Gedanken machen Pause.

7.2 Entschleunige dein Leben

Zeitnot, Tempomentalität lassen uns kaum Zeit für uns, für das Wahrnehmen und Gestalten unserer Seelenkräfte. Stress, Überspannung und Beschleunigung versperren den Zugang zu den unbewussten und seelischen Energiequellen. Die Folgen sind oft Burnout, Stress-Depression, innere Leere, Nervosität, Unruhe und Aufregung.

Notwendig ist es, den eigenen Rhythmus zu finden. Die Pflanze wächst nach ihrem inneren Gesetz. Auch wir als Menschen haben einen Rhythmus, der zu unserem Leben passt. Wenn dieser Rhythmus immer schneller wird, das Leben immer mehr Tempo gewinnt, kommen die Seele und auch Körper und Geist nicht mehr mit. Wir werden verwirrt.

Hektik, Hast, Stress, Tempomentalität, ständige Erreichbarkeit – Beschleunigung des Lebens führen

---

• zur Missachtung der seelischen Ausgleichskräfte,
• zu Burnout, innerer Leere
• Stress-Depression
• Zivilisationserkrankungen

Deshalb brauchen wir ein neues Lebens-Tempo.

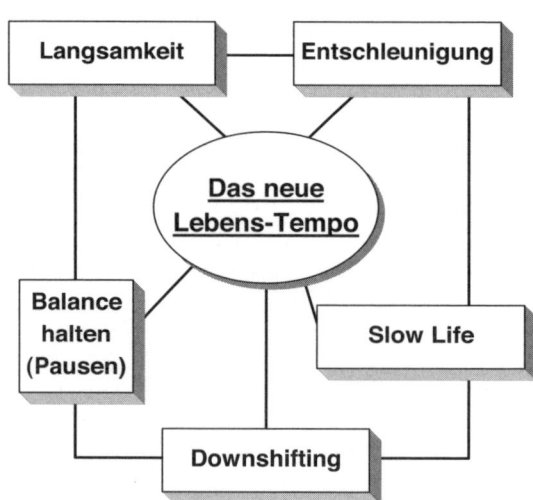

7.2.1 Entschleunigung als Lebensprinzip

Immer mehr Menschen wollen der aktiven beruflichen, privaten und gesell-schaftlichen Beschleunigung des Lebens entgegensteuern, das Tempo raus-nehmen, wieder langsamer werden, Hektik und sinnlose Hast in allen Lebens-bereichen meiden, weil dadurch jedes natürliche und vor allem menschliche Maß ignoriert wird.

Dazu passt die Geschichte einer Expedition in Indien.

- Eine Gruppe Europäer machte eine Expedition im Himalaja. Sie heuerten sich dazu einige einheimische Reisebegleiter an. Die Europäer wollten schnell ihr Ziel erreichen, liefen schnellen Schrittes voran. Doch die indischen Reisebegleiter blieben plötz-lich stehen und ruhten sich aus. Als sie aufgefordert wurden wei-terzugehen, sagte einer der Einheimischen: „Bei diesem Tempo kommen unsere Seelen nicht mehr mit. Wir müssen warten, bis sie uns nachkommen können."

Das Gleiche gilt auch in unserer Zivilisation. Immer schneller, höher, hek-tischer, weiter, mehr. Das können unsere Seele, unser Körper und auch unser Geist nicht verkraften.

Burnout, psychisch-seelische Erkrankungen, aber auch viele Zivilisations-krankheiten hängen mit diesem Beschleunigungs-Prinzip zusammen. Immer mehr Menschen entdecken die Langsamkeit und das Prinzip des Downshif-tings, des Zur-Ruhe- Kommens, des Zurückschaltens, weil die Balance im Leben verlorengegangen ist. Burnout bedeutet: Immer mehr Menschen sind im Job und Privatleben ausgebrannt, lustlos. Das ist die Folge des Tempos, der Komplexität, der Hast und Hektik, der überquellenden Terminkalender und der fehlenden Pausen und Entspannung. Weniger wäre oft mehr, sowohl für Leistungsfähigkeit als auch Gesundheit und Seelenkraft. Deshalb gilt für mehr und mehr Menschen der Glaubenssatz: Es lebe die Langsamkeit.

Es lebe die Langsamkeit

> *„Es gibt Wichtigeres im Leben, als beständig dessen Geschwindigkeit zu erhöhen."*

Gandhi

„Wenn Sie sich schnell vom Stress befreien wollen:
Machen Sie langsam!"

Lili Tomlin (amerikanische Schauspielerin)

Slow Life – Neue Kreativität und Lebensqualität durch die Verwirklichung von Eigenzeit wird für viele zum Lebensprinzip.

„Der ganze Lebenskampf besteht in
gewisser Weise auch darin, dass wir
entscheiden müssen, wie schnell oder
langsam wir etwas tun."

Sten Nadolny (2003)

Hase oder Igel?

Es war einmal eine Zeit, da wurde „Beschleunigung" mit „Fortschritt" gleichgesetzt. Doch wenn heute Gesundheit und Zufriedenheit der Menschen unter die Räder des allzu hastig ablaufenden Lebens geraten, müssen wir neu überlegen, wohin die Reise gehen soll.

Langsamkeit

„Was nützt es dem Menschen,
wenn er schnell vorankommt,
seine Seele aber auf der Strecke bleibt?"

Petrus Ceelen

Im Folgenden sollen deshalb einige Wege der Entschleunigung aufgezeigt werden.

7.2.2. Entschleunigungswege

Es gibt drei große Wege der Entschleunigung:

- Askese, d. h. Enthaltsamkeit, Zivilisationshygiene und damit eine Form von Downshifting und Langsamkeit Wir schalten damit einen Gang zurück, kommen mehr zur Ruhe und haben auch weniger Stress.

- Führung eines einfachen Lebens in den Formen des Simple Living und des Slow Life.

- Energie-Balance halten, z. B. durch Verringerung des Energieverbrauchs auf allen Ebenen des Lebens.

Downshifting

Als Downshifting bezeichnen die Amerikaner den Trend, in allen Lebensbereichen herunterzuschalten. Das bedeutet nicht nur,

- weniger zu arbeiten, auf Karriere zu verzichten und sich
- mehr Freiheit und Freizeit zu gönnen,
- sondern heißt auch „Kampf dem Stress" bzw. „den Stress im Griff" halten (vgl. F. Decker, Den Stress im Griff, Würzburg 1999), z. B., indem man für Ruheinseln im Alltag sorgt, sich vor der Überreizung der Medien schützt, Zivilisationshygiene betreibt, also eine moderne Form der Askese lebt.

Cocooning als partieller Rückzug

Die Wärme der vier Wände wird immer wichtiger werden, je turbulenter und offener unsere Gesellschaft wird. Dadurch nehmen auch Beziehungsstress und Beziehungskonflikte zu. „Der Mensch wird zum Risikofaktor seines Mitmenschen."

Cocooning bedeutet Urlaub vom Sozio-Stress. Die Industrialisierung, die Single-Mentalität lässt die soziale Empfindlichkeit wachsen. Diese Entwicklung wird eine zunehmende Einkreisung des Menschen durch den Menschen bringen – da wird das Einander-aus-dem-Weg-Gehen zur Kunst. Die Wahrheit über die Single-Kultur ist eine ganz andere: Immer mehr Menschen geht es bei blühendem Aussehen innerlich so miserabel, dass sie beschlossen haben, nie einen Mitwisser ihres Zustandes zuzulassen. Die Singles brauchen Gesellschaft, um von Leuten umgeben zu sein, die bestätigen, dass man ihnen nichts anmerkt.

Das Bedürfnis nach sozialer und mentaler Entspannung, nach Erholungszeiten und Flucht vor dem Mitmenschen nimmt zu. Regenerations-Cocooning bedeutet sich „einkapseln und entspannen".

Übung

Es langsam angehen lassen – sich einstimmen

Anlass

Zu Beginn des Tages oder am Wochenanfang, aber auch nach einer Mittagspause sollten wir nicht gleich durchstarten und gleich voll in die Hektik einsteigen, sonst kommt unsere Seele nicht so schnell mit. Sie braucht Zeit, um sich einzustellen, auf den neuen Rhythmus einzulassen.

Ziel

Die „schlafenden" Lebensgeister langsam wecken, es langsam angehen lassen, z. B. durch folgende Übung oder durch „Übergangsrituale".

Durchführung

- Stellen Sie sich mit leicht gegrätschten Beinen hin, die Arme hängen locker neben dem Körper.
- Heben Sie jetzt die Hände ganz langsam und strecken Sie sie weit nach oben. Dann ziehen Sie sie langsam wieder nach unten bis in Schulterhöhe und drehen die Ellbogen nach außen und lassen dann die Arme wieder langsam locker neben den Körper fallen.
- Wiederholen Sie das Ganze nochmals.
- Zum Schluss reiben Sie die Handflächen aneinander und reiben dann mit den Händen Ihr Gesicht und die Kopfhaut.

Übergangsrituale

Bevor Sie voll durchstarten, genießen Sie z. B. mit allen Sinnen das Frühstück, ein paar wohltuende Klänge, das Licht einer Kerze, einen Blumenstrauß o. a.

Simple Living und Slow Life

Es entwickeln sich in zunehmendem Maße neue Formen der Lebensgestaltung mit dem Ziel der Entschleunigung, welche sich unter dem Begriff einer Slow-Bewegung zusammenfassen lassen.

Dazu zählen

1. *die Kunst eines einfachen Lebens,* von Simple Living. Viele Menschen leiden unter der Kompliziertheit des Lebens. Wichtig ist es deshalb, Ballast abzuwerfen und das Leben zu vereinfachen, z. B. mit weniger „Wohlstandsmüll" in Wohnung, in Büro, in der Zeitplanung, in sozialen Beziehungen. Arbeits-, Lebens-, Finanz-, Gesundheits- und Denkprobleme können oft vereinfacht werden. Dieser Weg der Vereinfachung führt vom äußeren Leben zum Innenleben. Denn es gilt: Wie außen, so innen. Auch unsere Seele profitiert von einem einfacheren Leben. Es bleibt mehr Zeit für die spirituellen Wege im Leben, für Ruhe, Muße, Beziehungen, Meditation und Entspannung.

   Beim Simple Living geht es darum, die fatale Lebensdynamik zu unterbrechen und zu einer persönlichen und gesellschaftlichen Lebens-Balance zu finden. „Dieser Zweck ist die Einfachheit, in der sich die Summe eines erfüllten und gereiften Lebens gelassen widerspiegelt" (Werner T. Küstenmacher mit L. J. Seiwert, Simplify your Life, Frankfurt 2001).

2. *Slow Life.* Ganz im Sinne von Goethes „Zauberlehrling" haben wir den Geist der Geschwindigkeit herbeizitiert, in unser Leben geholt. Wir freuen uns darüber, wenn unser Auto immer schneller fährt, wenn wir schneller von einem Ort zum anderen kommen, wenn wir im Restaurant schneller unser Essen bekommen, ja, wenn die Pflanzen und Zuchttiere schneller wachsen, unser Computer bzw. das Internet die Informationen immer schneller durch die Welt bewegt. Immer mehr soll in kürzerer Zeit produziert werden.

   Allerdings kommt uns dabei die Lebens-, Produkt-, Beziehungs- und Gesundheitsqualität abhanden. Die Freude an den sonst so schönen Dingen des Lebens geht bei diesem Tempo verloren. Auch die Seele, die Besinnung und Meditation zu ihrer Entfaltung braucht, leidet. Oft empfinden wir uns vom äußeren Leben getrieben und vom Stress aufgerieben. Wir muten unserem Körper, unserem Geist und auch der Seele zu viel zu. Die Slow-Bewegung sucht neue Wege.

   Es lassen sich z. B. drei Formen der Slow-Bewegung unterscheiden:

   • Slowfood, Entschleunigen durch langsames und genussvolles Essen, durch langsames Wachsen natürlicher Nahrungsmittel.

- Cittaslow, Steigerung der Lebensqualität in Städten durch Entschleunigung und mehr Ruhezonen durch mehr Parkbänke und weniger Straßenverkehr.
- Slowretail, eine Initiative für mehr Ruhe und Wert in Handel und Läden (http: slowretail.de)

Energie- und Life-Balance

„Wir haben größere Häuser, aber kleinere Familien,
mehr Bequemlichkeit, aber weniger Zeit,
mehr Wissen, aber weniger Urteilsvermögen,
mehr Experten, aber größere Probleme,
wir haben unseren Besitz vervielfacht, aber unsere Werte reduziert,
wir haben dem Leben Jahre hinzugefügt, aber nicht den Jahren Leben,
wir kommen bis zum Mond, aber nicht mehr an die Tür des Nachbarn,
wir können Atome spalten, aber nicht unsere Vorurteile!"

Gedanken eines Zeitgenossen,
zitiert nach Markus Marthaler, Life-Balance, Stuttgart 2006

Wir leben heute in einem Zeitalter der Disbalancen. Unser Leben ist in Unordnung geraten. Immer mehr Menschen empfinden Energiemangel, Komplexität des Lebens, die fehlende Lebensordnung als Krise, als Körper-, Geist- und Seelen-Unordnung (vgl. F. Decker, Energie-Balance finden, Petersberg, 2004). Wenn das eigene Leben aus dem Gleichgewicht, aus dem Gleichklang geraten ist, geraten Körper, Geist und Seele aus dem Takt. Wir können die eigenen Seelenquellen nicht mehr zum Fließen bringen, der Geist kann nicht mehr seine positiven, heilsamen Gedanken senden und dem Körper fehlen die Selbstregulierungskräfte.

Gesundheitsstörungen und Krankheiten stellen sich ein. Deshalb brauchen wir neue Lebenswege, um unsere innere Harmonie, unsere Energie-Balance wiederzufinden, die uns hilft, uns durch Ruhe und Besinnung wieder zu Seelenkräften zu führen.

Die Bedeutung der Stille

Zu einem einsamen Mönch kam ein Mann. Er fragte ihn: „Was für einen Sinn siehst du in deinem Leben der Stille?" Der Mönch schöpfte eben Wasser aus einer tiefen Zisterne. Er sprach zu seinem Besuch:

„Schau in die Zisterne! Was siehst du?" Der Mann blickte in die Zisterne. „Ich sehe nichts!" Nach einer kurzen Zeit forderte der Einsiedler den Mann wieder auf: „Schau in die Zisterne! Was siehst du?" Der Mann blickte wieder hinunter. „Ja, jetzt sehe ich mich selber"! Der Mönch nickte und sprach: „Schau, als ich vorhin Wasser schöpfte, war das Wasser unruhig. Jetzt ist es ruhig. Das ist die Erfahrung der Stille, man sieht sich selber!"

(Östliche Weisheit)

„Nur ein ruhendes Gewässer wird wieder klar."

(Tibetisches Sprichwort)

Alles beginnt im Kopf

Wieder Ordnung in sein Leben bringen, der Seele wieder mehr Gehör verschaffen, beginnt im Kopf. Die bewussten und unbewussten Kräfte, Bewusstsein und unbewusste Prägungen, z. B. die Seelenkräfte entfalten und mobilisieren, werden zu einer zentralen Lebensgestaltungsaufgabe, wenn wir die Lebensenergiekrise, Burnout, Depression, aber auch viele Zivilisationskrankheiten vermeiden wollen. Das vom Autor entwickelte Konzept der MindVitness® kann dazu beitragen, körperliche, geistige und seelische Vitalität und Fitness zu stärken (Vgl. F. Decker, Alles beginnt im Kopf – Mindfitness für jedermann, Würzburg 1999).

Der Geist, der zum Überlaufen voll mit ungeordneten Daten und Informationen, meist mit negativen, ist, empfängt keine Signale der Seele mehr, kann sie auch nicht „programmieren" und sendet auch dem Körper keine aufbauenden Impulse. Notwendig ist ein Seelen-Mind-Body-Life-Coaching. Gelungenes Leben besteht darin, dass der Geist, durch die Seele gestärkt, Körper, Psyche und Leben führt.

„Gewiss ist der Weise ebenso an seinen Körper gefesselt wie der Unweise; allein in seinem besseren Teil, der Seele, ist er unabhängig von ihm. Gleichsam wie durch einen Fahneneid gebunden, hält der Weise dieses Leben für eine Schule."

Seneca

7.2.3 Entschleunigungsprogramm für den Alltag

Es gibt eine Vielzahl von Möglichkeiten, im Alltag aus dem „Tagesgeschäft" auszusteigen, sich Zeit zu lassen, sich dem Körper, dem Geist oder der Seele zuzuwenden.

(1) Take a break – Mache eine Pause

Wir rasen immer schneller durch den Alltag, Zeit wird geplant, selten die Pausen, die Unterbrechung, die für das Atemholen, das Energietanken, die seelische Besinnung so wichtig sind. Wir verpassen sehr oft die Schönheiten der Natur, des Lebens, der Seelen-Botschaften.

„Es blitzt ein Tropfen Morgentau
im Strahl des Sonnenlichts;
ein Tag kann eine Perle sein
und ein Jahrhundert nichts."

Gottfried Keller

Deshalb im Folgenden einige Anregungen für ein Break, eine Besinnungs-Pause:

1. Alltagsmomente besinnlich nutzen

Stehen wir an einer roten Ampel, fahren wir mit öffentlichen Verkehrsmitteln, warten wir in der Schlange des Supermarktes, dann bieten sich Momente der Besinnung, des Rückzugs, der Entspannung an.

2. Ausgleichspause am Arbeitsplatz

- Bringen Sie von zu Hause Ihre beiden Lieblingstassen mit,
  – eine für heißes Wasser
  – die andere für Tee.

- Daheim kochen Sie Wasser etwa 20 Minuten, füllen es in eine Thermoskanne und bringen diese mit an den Arbeitsplatz. Dieses trinken Sie dann zwischendurch in kleinen Schlückchen.
- Zwischendurch ist es sinnvoll, sich einen Tee aufzugießen oder den in einer anderen Thermoskanne mitgebrachten zu trinken.
- Als Tee eignen sich Kräutertees, z. B. Kümmel-Fenchel u. a.
- Trinken Sie auch zwischendurch ein stilles Mineralwasser und kauen Sie – wenn möglich – einen Apfel bzw. anderes Obst. Möglich ist auch, zwischendurch eine Handvoll Studentenfutter zu essen.
- Während einer Pause können Sie auch
  – eine kurze Entspannungsübung
  – oder eine entspannende Meditation machen.

Alles vergessen, was Sie umgibt, abschalten, sich anderem zuwenden.

- Wer viel sitzt, hängt noch zwei Dehn- oder Streckübungen an.

3. Für die richtige Körperhaltung

Wichtig für Energie, Wohlbefinden und Leistungsfähigkeit ist die richtige Körperhaltung bei der Arbeit.

- Verteilen Sie Ihr Gewicht beim Sitzen und Stehen immer gleichmäßig auf beide Körperhälften, damit es nicht zu Verspannungen kommt.
- Achten Sie beim Sitzen darauf, dass Sie gerade und nicht mit gebeugten Schultern sitzen.
- Der Arbeitstisch sollte die richtige Höhe haben, damit die Wirbelsäule möglichst wenig belastet wird.
- Machen Sie in den Arbeitspausen einige Streck-Übungen.

Streckübungen

- Strecken Sie Schultern und Ellbogen kräftig zurück. Wiederholen Sie das zwei- oder dreimal. Sie können die Übung im Sitzen und im Stehen machen.
- Falten Sie die Hände im Nacken und strecken Sie diese dann zurück. Wiegen Sie in dieser Haltung den Körper nach links und nach rechts. Auch diese Übung können Sie im Sitzen und Stehen ausführen.

Spannung ausatmen – von der Last befreien

- Sie sitzen zu Hause oder im Büro auf dem Stuhl. Überkreuzen Sie Ihre Unterarme vor dem Körper und machen Sie dabei einen Buckel.
- Atmen Sie tief ein. Spüren Sie die Dehnung im oberen Rücken? Wenn Sie anschließend hörbar ausatmen, richten Sie gleichzeitig Ihren Oberkörper auf. Nehmen Sie die Arme, die Ellbogen so nach hinten, als wollten Sie sich von einer Last befreien. Wiederholen Sie die Übung nochmals.

(2) Innehalten – Ruhe finden

Entschleunigen bedeutet auch innehalten, damit die Seele „mitkommt", aber auch Körper und Geist zur Besinnung gelangen.

Die Wege zum Innehalten, zu Ruhe und Gelassenheit sind vielfältig. Hier einige Beispiele.

Der Atmung lauschen: Gut für Entspannung und Konzentration

- Breitbeinig sitzen, die Hände auf den Bauch legen
- Brustmuskulatur locker lassen und Atmung dem Zwerchfell überlassen

Hände auf den Rücken legen: Atem spüren

- Handrücken nacheinander auf verschiedene Partien des Rückens auflegen
- Spüren Sie, wie überall dort die Atembewegung lebhafter wird?

146

Stress-Abbau durch die Stirnhöcker-Übung

Halten Sie Ihre Hände auf Ihre Stirnhöcker. Wenn Sie nervös oder ängstlich sind, wenn Sie an etwas Stressauslösendes denken, berühren Sie diese positiven Punkte auf Ihrer Stirn sanft wenige Minuten lang. Wenn die Gedanken keinen Stress mehr verursachen, wird auch das Blut wieder der Großhirnrinde zugeführt.

Ziel: Stress auf ein Minimum zu reduzieren, Seele und Geist zur Ruhe kommen zu lassen.

Sie kann helfen,

- Stresshormone abzubauen,
- negative Gewohnheiten abzulegen,
- sich von negativen Denkweisen loszusagen,
- Lernbehinderungen zu überwinden,
- Problemlösungen zu erarbeiten.

Atemübung (Pranayama) zum Stress-Abbau

1. Konzentrieren Sie sich auf Ihr Nervengeflecht um das Herz und schicken Sie den Atem mit dem ersten Atemzug dorthin. Halten Sie die Luft etwas an und atmen Sie dann langsam aus. Warten Sie dann ca. zwei Sekunden bis zum nächsten Atemholen.

2. Konzentrieren Sie sich auf den Nabelbereich, schicken Sie den zweiten Atemzug dorthin. Dann Luft anhalten und gleichmäßig ausatmen. Nach zwei Sekunden wieder einatmen.

3. Konzentrieren Sie sich jetzt auf den Bereich zwischen Nabel und Füßen und verfahren Sie weiter wie bei 1 und 2.

4. Mit dem vierten Atemzug senden Sie den Atem zum Kopfbereich und lassen ihn langsam im Kopf kreisen, bevor Sie wieder gleichmäßig ausatmen.

5. Beim fünften Atemzug stellen Sie sich den gesamten Körper bildlich vor und lassen den Atem überall zirkulieren. Sie atmen ein und schicken den Atem zuerst zum Kopf, in die Schulter, in die Arme, dann in Brust und Unterleib, in die Beine bis zu den Füßen. Atmen Sie langsam wieder aus und bleiben Sie noch für einige Sekunden.

Jetzt sind Sie erfrischt und können weiterarbeiten.

(3) Das Gehirn ausschalten, in Balance bringen

Unser Gehirn wird zunehmend zum „Arbeitstier". Es wird vielfältig belastet, die Eindrücke, Informationen, Gedanken kommen in immer schnellerer Folge, so dass wir sie oft nicht verarbeiten, bedenken können. Für das Besinnen, Sortieren und Wertschätzen der Gedanken bleibt oft keine Gelegenheit. Entschleunigen unseres Gehirns bedeutet deshalb u.a.:

- das Denken abschalten, z. B. durch Meditation, aber auch
- das Synchronisieren von logisch-rationaler Hirnhemisphäre und emotional-unbewussten Bereichen, z. B. durch die „liegende Acht".
- Visualisieren von „entspannenden Gegenbildern", von entschleunigenden „Moments of Excellence"
- die Gedankenfolge plötzlich stoppen (Gedankenstopp) durch die Hinwendung zu entschleunigenden Situationen.

Im Folgenden dazu einige Beispiele.

Meditation ist eine Form der Entschleunigung und wirkungsvollen Besinnung. In seiner kurzen Form von ca. 10 Minuten eignet sie sich für Pausen, an ruhigen Orten, sowohl sitzend als auch liegend. Hier Anregungen dazu.

Kurzmeditation:

Ein in Meditation erfahrener Zen-Mönch wurde einmal gefragt, warum er trotz seiner vielen Beschäftigungen immer so gesammelt sein könnte. Er sagte:

Wenn ich stehe, dann stehe ich,
wenn ich gehe, dann gehe ich,
wenn ich sitze, dann sitze ich,
wenn ich esse, dann esse ich,
wenn ich spreche, dann spreche ich…

Da fielen ihm die Fragesteller ins Wort und sagten:
Das tun wir doch auch, aber was machst du noch darüber hinaus?
Er sagte wiederum:

Wenn ich stehe, dann stehe ich,
wenn ich gehe, dann gehe ich,
wenn ich sitze, dann sitze ich,
wenn ich esse, dann esse ich,
wenn ich spreche, dann spreche ich…

Wieder sagten die Leute:
Das tun wir doch auch.
Er aber sagte nein,
wenn ihr sitzt, dann steht ihr schon,
wenn ihr steht, dann lauft ihr schon,
wenn ihr lauft, dann seid ihr schon am Ziel.

Übung: Meditation „Ruhe, Frieden, Harmonie"

Die Worte „Ruhe, Frieden, Harmonie" gedanklich wiederholen. Bewusst spüren, wie die Impulse durch den Körper strömen.

- Im Schneidersitz oder aufrecht auf einem Stuhl sitzen, die Augen schließen und tief ein- und ausatmen.

- Sich auf den Punkt zwischen den Augen konzentrieren und innere Stille erleben.

- Nach einiger Zeit: Die Worte gedanklich „sprechen": Ruhe, Friede, Harmonie und spüren, wie die Impulse durch den ganzen Körper strömen – etwa fünf Minuten.

Übung: Savasana (aktive Ruhe)

„Ich bin ruhig, ich bin friedlich, ich bin harmonisch." (10 Minuten)

- Auf den Rücken legen, den Körper locker lassen. Die Handflächen liegen nach oben in der Haltung des Loslassens, die Fußspitzen nach außen fallenlassen.
- Den Körper locker lassen, sich fallen lassen und erleben, wie Sie vom Boden getragen werden.
- Sich bewusst machen: Ich bin hier jetzt auf diesem Boden anwesend, weder in der Vergangenheit, noch im Morgen.
- Ich lasse alles los, was mich reizt, was mich stört und unruhig macht. Alle meine negativen Gedanken und Gefühle, Hass, Neid, Schuld, Nachtragen ziehen von dannen. Den Körper locker lassen, sich fallen lassen und erfahren, wie mich der Boden trägt.
- Dann gehe ich in Gedanken zu meinen Füßen. Sie entspannen sich, die Fußgelenke lockern sich, Waden und Schienbeine entspannen, die Kniegelenke und dann die Oberschenkel entspannen. Loslasssen.
- Jetzt den Unterleib, den Oberbauch und die Verdauungsorgane entspannen. Brustkorb und Brustorgane entspannen. Arme locker lassen. Hände und Handflächen, Handgelenke entspannen. Unterarme und Ellbogengelenke entspannen. Oberarme und Schultern lockern sich, entspannen.
- Rücken und Wirbelsäule entspannen von unten nach oben, Wirbel für Wirbel. Nacken und Hals gehen auch in die Entspannung. Das Gesicht entspannen, die Lippen, die Wangen, die Augen, die Stirn und die Kopfhaut. Alles ist entspannt.
- Der ganze Körper ist passiv und leistet keinen inneren Widerstand. Alles ist entspannt. Der Körper sinkt tief in den Boden hinein: Ich erlebe, wie ruhig und friedlich alles – in mir – ist. Ruhe und Frieden durchdringen mich. Ruhe und Friede sind in mir.
- (Affirmation) Ich bin ruhig, ich bin friedlich, ich bin harmonisch.

Übung: Die liegende Acht

zur Synchronisation der beiden Gehirnhälften.

Mit den Augen eine liegende Acht nachmalen, um so beide Gehirnhälften besser zu vernetzen, die hektische und die intuitive auszugleichen.

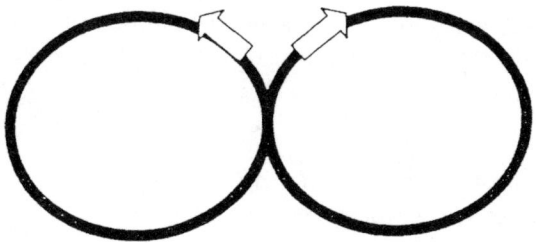

Weitere Wege, das beschleunigte Denken abzustellen:
- gerade, aufrecht hinsetzen, damit der Wirbelkanal am Hirnstamm angeschlossen ist
- Ausschalten aller Sinnesreize
- Konzentration auf einen Punkt
- langes Betrachten eines Bildes mit symbolischem Gehalt (z. B. Partner, grüne Wiese)
- meditative Musik hören
- Wiederholung von Worten, die zur Ruhe bringen (z. B. Friede)
- Natur betrachten

Visualisieren, bildhaftes Vorstellen einer schönen Situation
- Schließen Sie Ihre Augen und stellen Sie sich einen Ort vor, an dem Sie sich besonders wohlgefühlt haben oder entspannt waren (Moment of Excellence).
- Betrachten Sie das Bild auf einer Großbildleinwand, anfangs etwas verschwommen, dann immer deutlicher. Nehmen Sie nach und nach die Details auf dem Bildschirm wahr, bis alles ganz klar vor Ihnen steht. Holen Sie es ganz nahe an sich heran.

- Gehen Sie in Gedanken in den ablaufenden Film und erleben Sie mit all Ihren Sinnen die Situation: Sie riechen den Duft, spüren den Wind auf Ihrer Haut, hören die Geräusche und nehmen den Geschmack wahr, sehen sich selbst in einer entspannten Haltung.

(4) Die Zeit besser nutzen

Nutzen Sie die Zeit im Tagesverlauf öfter zur Entschleunigung und Entspannung, z. B. auf Geschäftsreisen - statt mit Arbeit mit Besinnung, Entspannung. Benutzen Sie nicht immer die schnellste Verkehrsverbindung zum Ziel. Sie lassen das Auto stehen und gehen zu Fuß. Wer langsam reist, sich bewegt, ermöglicht es der Seele, Schritt zu halten.

„Die Zeit vergeht nicht schneller als früher,
aber wir laufen eiliger an ihr vorbei. "

George Orwell

Nutzen Sie die vorhandene Zeit wertvoller, denn

„Ich habe keine Zeit zu hetzen. "

Henry David Thoreau

Pausen sind notwendig!

Wir brauchen alle regelmäßige Verschnaufpausen, Lustpausen, Wochenendabschaltpausen, Urlaub.

Damit beugen wir Erschöpfungszuständen vor.

Sie können das Visualisierungsprinzip in der Pause nutzen und sich entspannen:

- Anstatt durch Kaffee den Adrenalinspiegel in Ihrem Körper künstlich zu stimulieren,

- können Sie mental in einem Park spazieren, sich an einen Strand legen oder eine Runde schwimmen – alles in Ihrer Vorstellung.

Prioritäten setzen

„Es gibt Wichtigeres im Leben, als beständig dessen Geschwindigkeit zu erhöhen. "

Mahatma Gandhi

Deshalb nehme ich mir tagsüber für bestimmte auserwählte Situationen Zeit, lebe dann nicht nach der Uhr, z. B.

- für ein Treffen mit lieben Menschen,
- für ein Date mit mir, um über mich nachzudenken,
- für mein Lachen, für „Small Talk",
- für Gefühle und Tagträume.

(5) Kontakt mit meiner Seele finden

Dem Lärm, Tempo und der ständigen Erreichbarkeit können wir uns auch entziehen, indem wir uns Inseln der Ruhe, Oasen der Besinnung schaffen, um so Kontakt mit unserer Seele zu finden.

Kontakt zu meiner Seele finden kann auf unterschiedliche Weise geschehen, z. B.:

- Ich nehme ganz entspannt ein Duftbad, entspanne und bin nur für mich da.
- Morgenbesinnung. Der amerikanische Schriftsteller Henry David Thoreau stellt sich morgens im Bett nach dem Aufwachen immer drei Fragen: Was ist gut an meinem Leben? Worüber kann ich glücklich sein? Wofür sollte ich dankbar sein? Die Antworten dazu können uns mit Freude, Wohlbefinden und Seelenkraft erfüllen, spenden uns Zuversicht.

Archiv für Seelenheil

Sammeln Sie mental Bilder, Erinnerungen, Erfahrungen aus Ihrem Leben, Situationen, in denen Sie glücklich und zufrieden waren, Erfolgserlebnisse, fröhliche Begebenheiten. Legen Sie sich ein solches Seelenheil-Archiv in der Vorstellung an, ankern Sie sich diese Situationen und rufen Sie diese in belastenden Situationen ab, erfreuen Sie sich daran, laden Sie sich und Ihre Seele auf mit diesen persönlichen Bildern.

7.3 Mit Freude und Leichtigkeit leben

Das Gefühl, mit Leichtigkeit und Freude zu leben, ist vielen Menschen heute abhanden gekommen. Schließlich beherrschen Stress, negatives Denken und Sorgen das Leben vieler. Wir leben in einer Zeit der inneren Empfindlichkeit.

Häufig ist uns bei dem, was wir tun, was wir tagtäglich erleben, das gute Gefühl, der Sinn, das Aufmunternde verlorengegangen. Statt unser Leben und Tun mit positiven Absichten und guten Gefühlen zu versehen, bleiben dann oft schwere Last, bedrückendes und negatives Empfinden übrig. Körper, Geist und Seele werden dadurch negativ gestimmt, verkrampft und gestresst. Nicht selten werden Schmerzen ausgelöst. Leider zieht sich bei vielen Menschen eine Empfindlichkeit, eine melancholische Grundstimmung über das Leben.

Die neue Empfindlichkeit

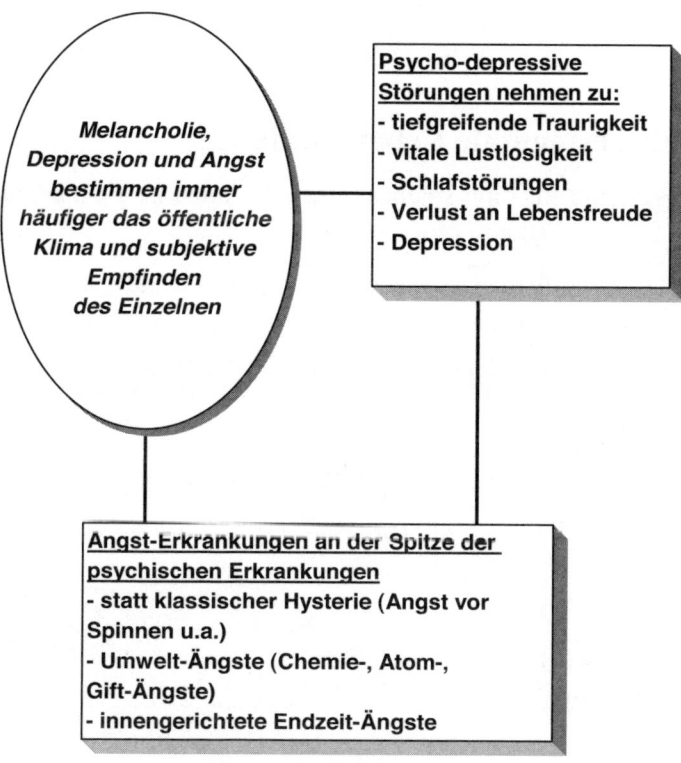

Melancholie, Depression und Angst bestimmen immer häufiger das öffentliche Klima und subjektive Empfinden des Einzelnen

Psycho-depressive Störungen nehmen zu:
- tiefgreifende Traurigkeit
- vitale Lustlosigkeit
- Schlafstörungen
- Verlust an Lebensfreude
- Depression

Angst-Erkrankungen an der Spitze der psychischen Erkrankungen
- statt klassischer Hysterie (Angst vor Spinnen u.a.)
- Umwelt-Ängste (Chemie-, Atom-, Gift-Ängste)
- innengerichtete Endzeit-Ängste

Der gesamte Organismus erfährt einen Zustand der Lethargie, der depressiven, blockierten Gestimmtheit, weil positives Empfinden und Fühlen, konstruktive Gedanken und Vorstellungen fehlen. Doch diese brauchen wir für ein vitales, wohlgestimmtes und gesundes Leben. Gute Stimmung, positive Gefühle und Gedanken sind wie ein Lebenselixier und ein Gesundbrunnen. Ein solcher emotional-mentaler Zustand lässt sich oft selbst erzeugen.

Durch ein gutes Gefühl, durch inneres Lächeln, durch Sinngebung, eine positive Betrachtung bzw. Vorstellung entsteht dann oft ein Wohlbefinden, eine Harmonie von Körper, Geist und Seele. Kümmernisse, schlechte Laune, Bedrückendes, ja sogar Schmerzen entweichen oder entstehen erst gar nicht.

Gefühle, Gedanken und Vorstellungen lassen sich selbstbestimmt erzeugen, sowohl die negativen wie auch die positiven, z. B. durch Mind-Coaching, durch die geistige Einstellung.

7.3.1. Seelisch-mentale Lebens-Balance

Eine erste Aufgabe für eine solche Lebens-Balance ist Entspannung, damit Freude und Leichtigkeit aufkommen.

Zentrale Lebensaufgabe ist es, Belastung und Entlastung in Balance zu halten, Stressquellen zu vermeiden, entspannt zu leben, Herausforderungen nicht zur Stressbelastung werden zu lassen, z. B. durch geistig-seelische Ausgleichskräfte (siehe Schaubild „Herausforderungen"). Freude und Leichtigkeit sind vielfältig, z. B.

• sich mit positiven Gedanken und Gefühlen aufladen,

• Sorgen möglichst nicht aufkommen lassen, Psychohygiene pflegen, denn:

> *„Mein Leben war voller Missgeschicke, die nie*
> *eingetreten sind."*
>
> Montaigne

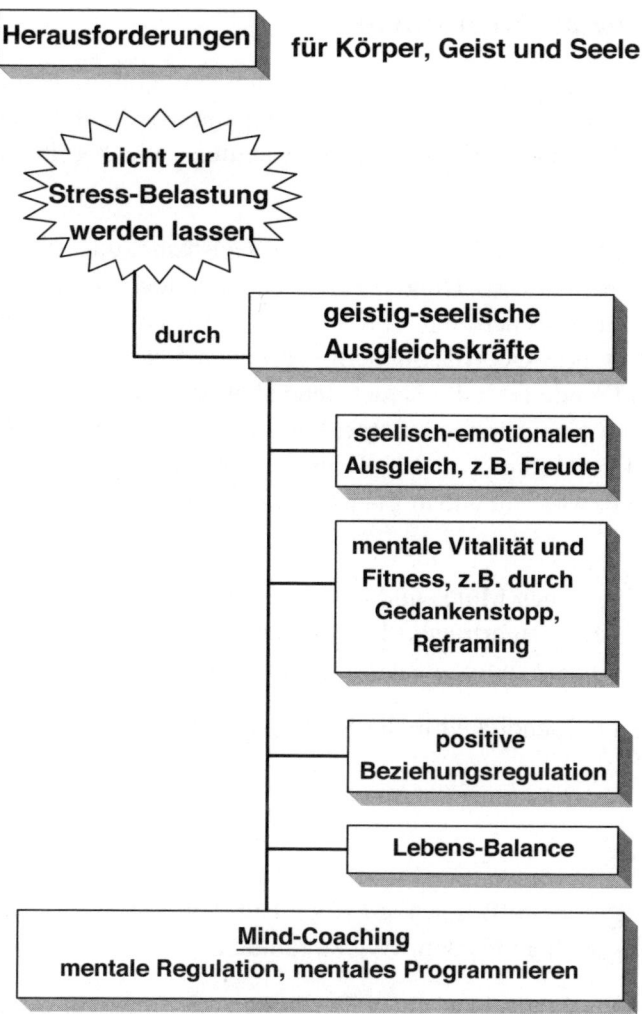

Herausforderungen für Körper, Geist und Seele

nicht zur Stress-Belastung werden lassen

durch — geistig-seelische Ausgleichskräfte

- seelisch-emotionalen Ausgleich, z.B. Freude
- mentale Vitalität und Fitness, z.B. durch Gedankenstopp, Reframing
- positive Beziehungsregulation
- Lebens-Balance

Mind-Coaching
mentale Regulation, mentales Programmieren

Mit Freude und Begeisterung leben

Versuchen Sie alles mit Freude und Begeisterung, mit Engagement zu tun. Gern getane Arbeit bringt nicht so schnell Stress. Engagement und Begeisterung setzen ungeheure Energien frei.

Versuchen Sie Freude, Begeisterung für das, was Sie denken und tun, zu entwickeln.

7.3.2 Freude als Kraftquelle

Die meisten Menschen tun sich schwer, nach dem Guten, dem Freudvollen zu streben, sie pflegen lieber Lust und Sinnenbefriedigung, die das Leben nicht reicher, sondern unerfreulicher gestalten, wie bereits Seneca z. B. wusste:

> „Grundlage und Höhepunkt rechter Geisteshaltung ist es, sich nicht an gehaltlosen Dingen zu erfreuen, sondern zu wissen, worüber sich zu freuen Sinn und Wert hat. Lebensweisheit erzieht zu wahrer Freude. Oberflächlichem Vergnügen, jeder von außen zugeführten Freude fehlt die Dauer; jene aber, von der ich spreche und zu der ich dir verhelfen möchte, kommt von innen, ist fest gegründet und beständig. Tu, was allein dich froh und glücklich macht: Wirf weg, was von außen glänzt und dir von anderen versprochen wird."

Freude hilft, frohen Mutes und mit gelassenem Selbstvertrauen auch Widrigkeiten im Leben zu ertragen. Ein solcher Mensch, der voll innerer Freude leben kann, ist meist ruhig, gelassen und zuversichtlich,

> „weil echte Freudigkeit in der Seele entsteht und dort beschlossen bleibt".

Seneca

Die Begeisterung hilft Ihnen auf jeden Fall, Hindernisse – sich selbst eingeschlossen – leichter aus dem Weg zu räumen.

Falls Sie sich ändern bzw. umstellen wollen oder müssen, versuchen Sie, sich für Ihren neuen Weg, Ihr neues Denken und Verhalten zu begeistern.

> *„Glück ist im Grunde genommen*
> *nichts anderes als der Zustand,*
> *wenn man aus ganzem Herzen in*
> *eine bestimmte Richtung geht."*

W. H. Sheldon

*„Begeisterung ist die Farbe der
Inspiration und des Mutes. Sie ist
das Licht der Kreativität und
Einsicht. Sie verleiht die Tiefe der
Gefühle und die Empfindung des
Zweckes."*

N. Aubein

*„Ohne Begeisterung ist noch nie
etwas Großes geleistet worden."*

R. W. Emerson

*„Möge dann und wann
Deine Seele aufleuchten
im Festkleid der Freude.*

*Möge dann und wann
Deine Last leicht werden
und dein Schritt beschwingt
wie im Tanz.*

*Möge dann und wann
ein Lied aufsteigen vom Grunde
Deines Herzens, das Leben
zu grüßen wie die Amsel
den Morgen.*

*Möge dann und wann
Der Himmel über diese
Schwelle treten."*

Antje Sabin Naegeli

Ein freundliches Lächeln

Eine von tausend Möglichkeiten, um Freude und Freundlichkeit auszudrücken, ist das Lächeln. Lächeln ist der kürzeste Weg von einem Herzen zum anderen.

„Wenn du jemanden ohne Lächeln siehst,
gib ihm deines."
Burmesisches Sprichwort

Lächeln versteht man auf der ganzen Welt, auch ohne Worte. Zufriedene Menschen lächeln.

„Ein Lächeln kann die Sonne aufgehen lassen."
Else Panneck

Es lohnt sich auch, sich selbst im Spiegel zuzulächeln.

Übung: Das innere Lächeln

- Suchen Sie sich einen ruhigen Ort, setzen Sie sich aufrecht auf einen Stuhl und schließen Sie Ihre Augen. Atmen Sie natürlich ein und aus.
- Stellen Sie sich vor: Sie begegnen einem lieben Menschen. Sie lächeln ihn an und er lächelt zurück. Sammeln Sie die liebevolle Energie, nehmen Sie diese in sich auf.
- Lassen Sie diese Vorstellungsenergie durch den ganzen Körper ziehen: in den Körper, in Hals, Nacken, Brustkorb und Herz, in Bauch und Becken. Der Körper wird von dieser Energie des Lächelns erfüllt.
- Wenn Sie irgendwo eine verbliebene Spannung im Körper verspüren, lächeln sie dort so lange hin, bis sie sich auflöst.
- Lassen Sie dieses wichtige Gefühl noch etwas nachklingen – und öffnen Sie dann langsam wieder Ihre Augen.

Warum mit dem Körper auch die Seele lacht

- Seit Jahrtausenden sagt man, dass das Lächeln Heilmittel ist, um unseren Körper in Balance zu halten.
- Freude und Lachen entspannen und steigern das positive Lebensgefühl.

- „Wer nicht genießen und lachen kann, wird auch für die Sexualität ungenießbar", sagt der Schweizer Psychologe Thomas Spielmann.
- Bei Freude und Lachen werden nicht unerhebliche Endorphine, die Glücksgefühle bereiten, ausgeschüttet.

All dies führt zu Streicheleinheiten für die Seele.

„Denn Menschen mit Sinn für Humor haben
gegenüber den Widrigkeiten des Lebens eine
Art Puffer, der ihnen hilft, auch schwierige
Situationen durchzustehen, ohne dass es an
Ihrer Stimmung nagt. "

Lachforscher Willibald Ruch

7.3.3 Programm für Freude und Leichtigkeit in Ihrem Alltag

Es gibt eine Vielzahl von Möglichkeiten, Freude, Humor und Leichtigkeit in sein Leben zu bringen. Hier einige Beispiele:

Einige Tipps für eine „Erste Hilfe "

Smiley for Wellness
Beginnen Sie jeden Tag mit einem Lächeln – vor dem Spiegel oder auf der Fahrt ins Büro (im Autospiegel). Das fördert Ihr Wohlbefinden und wirkt direkt aufs Gehirn. Ihr Smiley-Gesicht vertreibt schlechte Laune und hilft bei Frusterlebnissen. Wer lächelt, gewinnt und hat eine Waffe gegen den Krieg im Büro (Mobbing).

Tea-Time-Kick
Trinken Sie täglich grünen Tee – mit Genuss und in Ruhe. Das schärft die Sinne, klärt den Verstand, schafft Harmonie und Wohlbehagen. Die „Zeremonie" schafft Ihnen für Minuten „Luft" und Entspannung.

> Ihr Körper produziert Glückshormone, wenn Sie sich z. B. täglich mindestens 1/2 Stunde normal körperlich bewegen, am besten in frischer Luft. Die freigesetzten Beta-Endorphine haben eine dem Opium verwandte Wirkung: Schlechte Stimmung und Niedergeschlagenheit werden vertrieben.

- *Nehmen Sie sich Zeit für die Freude.* Nehmen Sie sich ab und zu Zeit für bewusstes Lächeln, für humorvolle Filme, Kabarettbesuche, DVDs, z. B. Loriot, Charlie Chaplin u.a. Machen Sie Lachyoga oder gehen Sie in einen Lachclub.
- *Lachen und Freude haben hängt aber auch mit der Lebenseinstellung zusammen.* Sehen Sie die Welt nicht nur durch eine ernste Brille, sondern auch schon mal paradox und heiter. Optimismus ist öfter angesagt. Meiden Sie deshalb Menschen, die miesepetrig sind.
- *Sich nicht ärgern – lachen.* Wenn wir uns zu oft ärgern, gerät unser inneres Gleichgewicht aus den Fugen. Begegnen Sie deshalb den kleinen Ärgernissen und Widrigkeiten mit einem Lächeln, mit innerer Distanz. Holen Sie sich einen „Moment of Excellence", eine Gegensituation in ihr Bewusstsein, eine Oase der Freude und genießen Sie diese.

Pflegen Sie eine entspannende, ganzheitliche Lebensweise, z. B. durch:

1. Überwindung von Hektik, Unrast und unstetem Leben
2. Antinomische Lebensweise
3. Stabilitäts-Zonen, Insel-Dasein, Unangepasst-Sein
4. Von der Leine befreit
5. Verlorene Minuten – gefundene Zeit
6. Kreativität statt grauer Alltag
7. Verweilen statt hastiger Blick
8. Über den Dingen stehen
9. Sein statt Haben
10. Allein und in der Herde
11. Mit den Augen eines anderen
12. Poesie und Prosa

13. Lust zum Neuen, Neugier
14. Innere und äußere Bilder malen
15. Begegnung mit Menschen, Dingen, Orten
16. Freude und Freundschaft
17. Intrinsisches statt extrinsisches Leben
18. Genießen statt gebrauchen und bezwecken

Wichtige Bedingung für mehr Lebensfreude und Leichtigkeit besteht darin, Stress-Belastungen und zu viel Arbeit zu meiden und zu reduzieren. So können Sie sich von Überflüssigem befreien, Ballast abwerfen:

• *In der Unübersichtlichkeit den Überblick bewahren:*
  Focussieren und integrieren. Von der Fülle zur Qualität. Auf das Wesentliche schauen

• *Lebensunsicherheit als Stressfaktor*
  Selbstbewusstsein und Zukunftsdenken fördern

• *Lebensordnung schaffen*
  Dem Leben Harmonie und Rhythmus geben. Sich Zeit lassen

• *Sich entspannen – Den Strom der Gedanken und Belastungen unterbrechen*
  Sinnvolle Arbeit vertreibt Stress und schlechte Laune

• *Nervosität, Unruhe und Aufregung* – Für solche Zustände gibt es eine sehr wirksame Übung, die die Überspannung des Organismus in das Gegenteil, nämlich in tiefe Entspannung verwandelt. Anstatt sich abzulenken und über die angespannte Lage hinwegzugehen, spürt man gerade zur Unruhe und Nervosität hin und erlebt ganz bewusst, was so alles im Organismus los ist. Jede kleine Bewegung und Regung im Innern wird einfach mit Aufmerksamkeit bedacht. Und auch hier kann das Lächeln wieder hilfreich sein und genau dorthin geschickt werden, wo sich gerade etwas im Körper tut.

• *Sorgenfrei leben, Psychohygiene pflegen.* Sorgen und die Furcht vor Gefahren sind oft schlimmer als die Bedrohung selbst. Auch Ängste entstehen oft aus Mangel an Selbstvertrauen und Ermutigung. Sorgen und Ängste sind aber Feinde von Unbeschwertheit und Leichtigkeit. Wir reagieren mit Angstgefühlen und Sorgen auf Meldungen in den Medien. Bei genauem Betrachten relativieren sich solche negativen Ereignisse jedoch. Mentale Regulation, z. B. Gedankenstopp und realistisches Betrachten, sorgen eher für eine Stimmungs- und Befindlichkeitsbalance. Wer selbstbestimmt denkt und lebt, wird weniger schnell zum Spielball gesellschaftlicher Stimmungen und lebt leichter.

- *Sich mit positiven Gefühlen und Gedanken aufladen.* Viele Menschen nehmen ihr Leben und Tun emotional und mental zu schwer. Besser wäre es, diese belastende Schwere durch Freude und Leichtigkeit zu ersetzen. Das wäre eine sinnvolle und kräftesparende Lebensstrategie. Eine Zen-Meisterin gibt uns ein schönes Bild: Sei wie ein Specht, der immer und immer wieder mit seinem Schnabel in den Baum stößt, voller Hingabe und Ausdauer, weil er seinen Bau vollenden will. Viele Menschen verrichten im Alltag oder Beruf zäh und hartnäckig ihre Arbeit und empfinden dabei die Belastung und das Muss. Sie tun öde ihre Pflicht, egal, ob ihnen die Tätigkeit liegt oder nicht. Wichtig wäre jedoch, dass wir bei allem Tun nicht das Belastende, den Zwang, ein negatives Gefühl als dominierend empfinden, sondern Freude und Leichtigkeit in uns kultivieren. Jedes Gefühl von Anstrengung, von Pflicht, jeder negative Gedanke – wie z. B. „Oh weh, auch das noch" – belastet, raubt uns unsere Energie. Die höchste Freude eines Spechtes liegt wahrscheinlich darin, seinen eigenen Bau zu bauen. Suchen wir uns bei unserem Tun eine solche Motivation, eine Freude, innere Leichtigkeit und ein positives Gefühl. Öffnen wir unsere Seele, unser Herz für die feinen, aufbauenden Empfindungen bei unserem Tun und im Leben. Verbinden wir Arbeit mit Freude. Suche wir nach Sinnvollem im Leben.

Hier passt auch das folgende Zitat von Saint Exupéry:

> Wenn du ein Schiff bauen willst, so trommle nicht die Männer zusammen, um Holz zu beschaffen, Werkzeuge vorzubereiten, Aufgaben zu vergeben und die Arbeit einzuteilen, sondern lehre die Menschen die Sehnsucht nach dem weiten, endlosen Meer.

Ein solches Tun nennt sich spirituelle Arbeit. Unser mental-seelisches Konzept erzeugt Freude in uns, Sinn und Leichtigkeit. Schon Einstein meinte: Alle Natur tendiert zu Harmonie. Machen wir uns also das Leben nicht zusätzlich schwer, indem wir unser Tun und Denken mit belastenden Gefühlen und Vorstellungen belegen. Versuchen wir alles mit Leichtigkeit, mit Sinn, mit Freude zu belegen, Spaß dabei zu haben. Hören wir auf mit dem Gefühl, alles, was wir tun, sei harte, lustlose Arbeit, sei schwierig. Dann gestaltet sich auch unser Tun entsprechend.

Wahres spirituelles Tun und Leben besteht darin, Freude am Prozess zu erzeugen, Seelenfreuden in sich aufkommen zu lassen. Das schafft eine positive, aufbauende Schwingung in uns. Sie lässt uns freudig und gesund leben. Sie macht uns stark, energievoll und selbstbewusst und entsprechend wird unser Verhalten und das Ergebnis unseres Tuns und Denkens.

Wir sprechen deshalb von einem seelisch-geistigen Balance-Prozess, der belastende Lebenssituationen, Arbeit und Tun erleichtert, erträglicher, sinnvoller macht, z. B. durch das Aufladen mit positiven, ausgleichenden Gefühlen und Gedanken.

Sich mit positiven Gefühlen aufladen

Es gibt oft Tage, wo ich schlecht gelaunt bin, meine Energie sich auf ein Minimum reduziert, „ich durch die Gegend krieche", saft- und kraftlos bin. In diesen Situationen – oder noch besser, vor diesem „Absturz", diesem „Fall ins Loch" – wäre es hilfreich, wenn ich mich mit positiven Gefühlen bzw. Energien auflade, um wieder in Balance zu kommen. Folgende Übungen eignen sich dazu:

Übung: Auf positive Gefühle konzentrieren

Setzen Sie sich ungestört und aufrecht auf einen Stuhl. Entspannen Sie sich. Schließen Sie dabei die Augen und sagen Sie sich: „Ich bin entspannt und unbeschwert." Beobachten Sie dabei Ihren Atem. Sagen Sie sich langsam und überzeugend folgende Aussagen (Suggestion) für einige Minuten vor und entwickeln Sie sich dazu eine Vorstellung: Beginnen Sie zuerst mit einer Formel.

- Es ist schön, geliebt zu werden.
- Ich freue mich oft und gern.
- Ich bin in Frieden mit mir und meiner Umwelt.
- Durch meinen Körper fließt die Energie harmonisch.

Kombinieren Sie diese Suggestionen (oder andere) mit dem Atem. Denken bzw. sagen Sie den ersten Teil der Aussage (z. B. es ist schön) mit dem Einatmen und die Zielaussagen mit dem Ausatmen (z. B. geliebt zu werden). Wiederholen Sie diese Aussagen so lange, bis Sie das Ziel tatsächlich empfinden (z. B. Freude, Frieden, Liebe).

Stellen sie sich dann diese positiven Gefühle als starke Energie, als Kraft vor, welche Sie „durchweht" und Ihre ganze Gedanken- und Gefühlswelt erfüllt. Bei dieser Imaginationsübung sollten sie darauf achten, dass Sie nicht schläfrig werden.

Wenn Sie also von negativen Gefühlen wie z. B. Angst, Nervosität und Aggression besetzt sind, kann das Konzentrieren, das innere Verstärken der positiven Gegenkräfte (z.B. Mut, Ruhe, Gelassenheit) die negativen Gefühle kontrollieren bzw. relativieren, indem sie positive Emotionen danebensetzen (vgl. R. P. Schweppe und A. Schwarz, Der andere Weg zum Erfolg, München 1993, S. 50).

Übung: Emotionale Balance durch Musik

Musik kann uns helfen, Gefühls- und Stimmungsschwankungen auszugleichen. Sie kann positive, stärkende Gefühle und Energien in uns wachrufen. Dies gilt jedoch nur für bestimmte Musikstücke und bestimmte emotionale Situationen. (Näheres im Kapitel „Energiebalance durch Musik, Klänge, Töne", in: F. Decker, Energie-Balance halten, Petersberg) Hier soll als Beispiel eine Übung dienen.

Übungsablauf

- Wählen Sie die passende Musik, um Ihre emotionale und energetische Balance wiederzufinden,

    z. B. Marschmusik bei schlechter Laune,

    oder Barockmusik bei Stressverhalten.
- Entspannen Sie sich und setzen Sie sich gerade auf einen Stuhl. Schließen Sie die Augen.
- Lassen Sie sich nun in die Musik hineinfallen (am besten über Kopfhörer)
- Versuchen Sie alle Gedanken, die nicht mit der Musik in Zusammenhang stehen, wie Wolken vorüberziehen zu lassen.
- Beobachten Sie, wie Ihr Körper, Ihre Stimmung und Energie auf die Musik reagieren. Genießen Sie es, wie Sie in der Musik aufgehen, von ihr Energie, Power und Aufmunterung bzw. Entspannung und Ruhe auf Sie übergehen.
- Beenden Sie die Übung, indem Sie langsam aufstehen und sich recken und strecken. Dauer der Übung ca. 10 Minuten.

„Bevor Sie sich mit diffusen Ängsten
quälen, sollten Sie lieber das genaue
Risiko ausrechnen. Oft ist es viel geringer
als befürchtet. "

Dale Carnegie, in: Der Erfolg ist in dir

Beglückende Leichtigkeit

Lebensfreude
wünsche ich dir
dankbares Staunen
im Entdecken
der Tiefendimension des Lebens

Lebensfreude
sei dir geschenkt
beglückende Leichtigkeit
im Annehmen der Schwere
die auch zum Lebensrhythmus gehört

Pierre Stutz, Die Lebendigkeit der Seele entdecken, Freiburg 2007

Lebensfreude fördern

Stress und Belastungen sowie die Tatsache, dass viele Menschen in ihrem Leben nur Pflichten und Verpflichtungen sehen, verhindern die Lebensfreude.

Daher ist es wichtig, die kleinen, wahren Freuden im Leben zu entdecken.

„Es ist schön mit den kleinen Dingen
glücklich zu sein. "

Jeremias Gotthelf

Das fällt vielen Erwachsenen schwer. Kinder können das noch besser. Deshalb sollten wir wieder lernen, den unscheinbaren Dingen und Momenten Beachtung zu schenken. Dann lockert sich auch unsere Seele. Die Liste der Alltagsfreuden kann groß sein, z. B.:

- den Körper mit einem warmen Duftbad entspannen und erfreuen,
- schöne Musik genießen,
- jemanden umarmen,
- die Augen mit Schönem verwöhnen,
- sich an einer Rose erfreuen,
- den Geist mit etwas Anregendem erquicken,
- ein Lied singen.

All das kann Freude bereiten. Vielleicht brauchen wir etwas Übung darin, unsere Achtsamkeit auf kleine, glückliche Momente zu richten, feinfühliger und hellhöriger zu werden, öfter mal herzhaft zu lachen.

Freude

„Das beste Mittel, den Tag zu beginnen, ist:
Beim Erwachen daran denken,
ob man nicht wenigstens einem Menschen
an diesem Tag eine Freude machen könnte."

Friedrich Nietzsche

Gabe des Herzens

„Freude ist keine Gabe des Geistes;
sie ist eine Gabe des Herzens."

Ludwig Börne

Einen Wohlfühlplatz suchen und besuchen

Einen solchen Wohlfühl- und Rückzugsplatz sollte jeder haben, sowohl für Krisenzeiten, aber auch, wenn man nicht gut drauf ist.

Ein solcher Platz kann in der eigenen Wohnung sein, z. B. ein Sessel. Dazu zünde ich eine Kerze an, lege entspannende Musik auf, meditiere, gehe z. B. in den Alpha-Zustand und stelle mir vor, ich sitze in einem mentalen Film-Studio (siehe dazu die Übung). Vielleicht haben Sie in Ihrer Vergangenheit ein Bild, wie Sie sich „kindlich" gefreut haben. Holen Sie sich solche Freudenbilder wieder in Erinnerung. Vielleicht legen Sie auch eine Sammlung solcher Bilder an, die Sie zum Ausgleich und zur Steigerung der Lebensfreude immer wieder hervorholen.

Übung: Mentales Film-Studio

Das mentale Film-Studio kann Ihnen helfen,

- seelisches Gleichgewicht und die Energiebalance zu erreichen,
- Alltagsprobleme besser zu lösen und
- gesund zu werden.

Hier geht es uns nur um die seelisch-emotionale Ausgeglichenheit.

Übungsverlauf:

- Setzen Sie sich ruhig und entspannt hin. Wenden Sie eine der Entspannungsmethoden an, z. B. achten Sie auf Ihren Atem.
- Stellen Sie sich im Zustand der Entspannung eine Situation vor, in der Sie etwas Aufmunterndes, Erfrischendes, Schönes erlebt haben. Sie können sich auch eine Situation mental ausmalen, in der Ihnen etwas Gutes, Schönes, Einmaliges geschieht, oder eine tolle Urlaubslandschaft, in der Sie sich gut fühlen, etwas Positives erleben.
- Malen Sie diese Szene gedanklich voll aus. Was sehen Sie, hören Sie, riechen Sie? Alle Sinne sollen beteiligt sein. Es ist wie im Film. Lassen Sie diesen Film lange auf sich wirken. Sie sind in diesem Film selbst aktiv beteiligt.
- Vielleicht merken Sie, wie Sie in dieser Szene selbst aufgehen. Ihre Stimmung wird immer besser. Sie werden ausgeglichener und positiver.
- Nachdem Sie diese energievollen Gefühle, das Wohlbefinden aus dieser „Kraftquelle" spüren, können Sie aus dem Film wieder aussteigen und in die Wirklichkeit zurückkehren. Recken und strecken Sie sich und freuen Sie sich über die neue Energie.

7.3.4 Seelisch-geistige Balance im Alltag

Wir verrichten im Alltag viele Tätigkeiten rein pflicht- bzw. gewohnheitsmäßig, z. B. Zähne putzen, duschen, essen u. a. Viele dieser Dinge tun wir nicht bewusst, nicht mit dem Herzen, oft als Last bzw. Gewohnheit.

Sinnvoll wäre, diese Kleinigkeiten des Alltags durch seelisch-geistige „Überhöhung" zu gestalten und dabei neue positive Gewohnheiten zu entwickeln, sie mit Liebe und Freude, mit allen Sinnen, meditativ betrachtend zu verrichten. Iss z. B. meditativ. Stimme dich ein auf die Mahlzeit, achte auf die Farben und Formen, z. B. von Gemüse und Kartoffeln. Iss mit Genuss. Putze bewusst und meditativ die Zähne, sei achtsam dabei. (Siehe Schaubild „Der seelisch-geistige Balance-Prozess).

Nutze jeden kleinen Augenblick des Tages für ein seelisch-geistiges „Auftanken". Dadurch förderst du bewusste, positive Gefühle und Vorstellungen, die dich erfreuen und in eine gute Schwingung bringen. Dadurch können wir auf Dauer Schritt für Schritt unsere seelisch-geistige Grundstimmung und unser Energiepotenzial anheben. Nutzen wir die seelisch-geistigen Möglichkeiten des Lebens, indem wir Lebensfreude, Genuss und Energie fließen lassen.

Friedvolles,

Freudiges,

Sinnvolles,

Ruhiges

Leises

Harmonisches

nährt Seele, Gefühl und Geist und sorgt für Wohlgefühl, harmonisches Gestimmtsein und macht letztlich glücklich. Arbeit und Freude, Essen und Genuss, Ruhe und Schlafen gehören zusammen.

Wie finde ich innere Ruhe?

Nach einer alten Zen-Geschichte fragte ein Schüler seinen Meister: „Meister, wie finde ich innere Ruhe? Wie macht ihr das?" Dieser antwortete: „Indem ich esse und schlafe." Der Schüler entgegnete: „Aber jeder isst und schläft."

Der Meister: „Aber kaum einer isst, wenn er isst, und schläft, wenn er schläft. Stimme dich in dein Essen und Schlafen ein, richte deine Vorstellungen, Gedanken und Gefühle auf das, was du tust und willst. Schalte alles Störende aus, fahre es herunter, atme es aus und gib dich dem Schönen und Sinnstiftenden hin, ersetze Schwere durch Leichtigkeit". (Vgl. R. Dahlke, Die Notfallapotheke für die Seele, München 2007, S. 64)

Der seelisch-geistige Balance-Prozess

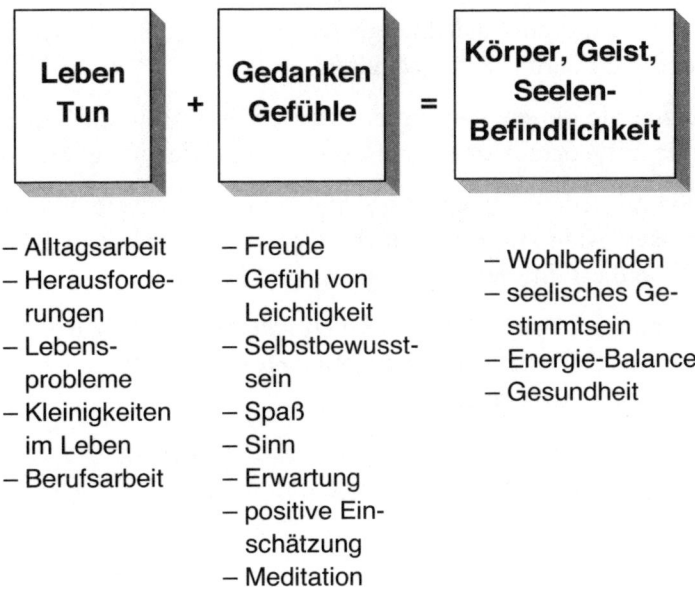

Leben Tun	+	Gedanken Gefühle	=	Körper, Geist, Seelen- Befindlichkeit

– Alltagsarbeit
– Herausforde-
  rungen
– Lebens-
  probleme
– Kleinigkeiten
  im Leben
– Berufsarbeit
		– Freude
		– Gefühl von
		  Leichtigkeit
		– Selbstbewusst-
		  sein
		– Spaß
		– Sinn
		– Erwartung
		– positive Ein-
		  schätzung
		– Meditation
				– Wohlbefinden
				– seelisches Ge-
				  stimmtsein
				– Energie-Balance
				– Gesundheit

Übung für mehr Leichtigkeit und Lebensfreude

Ziel der Übung

Belastendes, Herausforderndes, aber auch körperliche und seelische Schmerzen lassen sich in der Entspannung, mit Atemrhythmus, mit Freude und angenehmen Gefühlen lindern, vielleicht sogar beseitigen. Beispiel: leichte Knieschmerzen, schlechte Stimmung, Überforderung.

Durchführung:

• Sie sitzen oder stehen ruhig. Entspannen Sie sich. Achten Sie auf das Ein- und Ausatmen. Nichts stört Sie.

• Lassen Sie ein inneres Lächeln, ein gutes Körpergefühl in Ihrer Vorstellung entstehen. Lassen Sie dieses innere Lächeln Ihr Gesicht, Ihren ganzen Körper erfüllen.

- Schicken Sie nun dieses Lächeln in Ihren Körper, vielleicht an eine schmerzende Stelle. Durchsetzen Sie eine schlechte Stimmung oder eine Überforderung mit einem inneren Lächeln. Der ganze Körper wird von diesem Körperwohlgefühl, diesem Lächeln ergriffen. So gelingt es, dass Wohlbefinden, Zuversicht und Energie sich ausbreiten.

- Unterstützen Sie diesen Vorgang noch durch Ihre Atmung. Atmen Sie alles Belastende mit jedem Atemzug aus, es verfliegt wie eine graue Wolke.

- Atmen Sie mit jedem Einatmen goldgelbe Sonnenenergie und ein Lächeln ein. Mit jedem Atemzug kommt mehr in Ihren Körper herein. Körper, Geist und Seele sind erfüllt von einem „sonnigen Lächeln".

- Dadurch kann sich ein Gefühl von Leichtigkeit und Lebensfreude bei Ihnen einstellen. Aus Belastendem wird entspanntes Wohlbefinden. Genießen Sie diesen Zustand einen Augenblick.

- Kommen Sie nun zurück ins Hier und Jetzt. Bewegen Sie sich leicht, öffnen Sie Ihre Augen. „Ich bin entspannt und unbeschwert."

7.4 Lebe den Augenblick

7.4.1. Den Augenblick er-leben

In unserer Zeit sind viele Menschen zerfahren, sie zappen sich durch das Leben und die Arbeit. Zerstreuung, Unkonzentriertheit, schneller Wechsel der Gesprächspartner, der Tätigkeiten sind Kennzeichen unseres Lebens. Sich Zeit zu nehmen, einen Augenblick, einen Arbeitsvorgang, eine Begegnung zu erleben, sich darauf zu konzentrieren, fällt vielen Menschen schwer. Unsere Aufmerksamkeit verlagert sich so schnell, dass die Seele nicht mitkommt, wir keinen Austausch, keine Bereicherung erfahren. Der Kontakt bleibt oberflächlich, unsere Aufmerksamkeit besitzt keine Tiefenwirkung, erfährt nur äußere Details. Was uns modernen Menschen fehlt, ist die Gewohnheit, unsere ungeteilte Aufmerksamkeit immer genau auf den Augenblick zu richten, auf das, was gerade geschieht, was wir gerade tun. Unsere Energie wird zerteilt (siele Schaubild).

Aufmerksamkeit bündeln

Die alten Meister sprechen alle von der Kunst, ganz im Augenblick zu sein. Wer achtsam und konzentriert lebt, wer ganz in dem ist, was er gerade tut, der bündelt seine Aufmerksamkeit und Energie, ist ganz da, mit allen Sinnen, bei dem, was gerade ist.

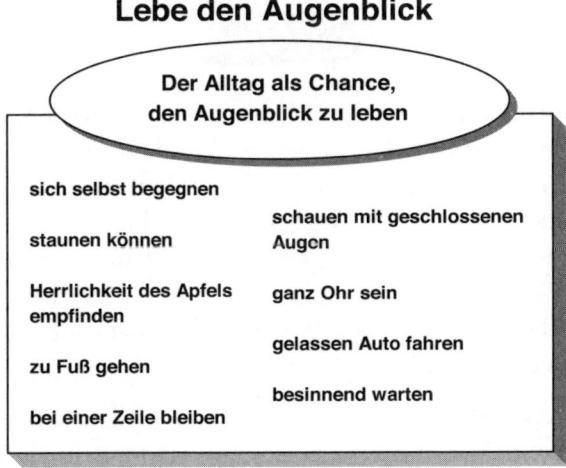

Lebe den Augenblick

Der Alltag als Chance, den Augenblick zu leben

sich selbst begegnen

schauen mit geschlossenen Augen

staunen können

Herrlichkeit des Apfels empfinden

ganz Ohr sein

gelassen Auto fahren

zu Fuß gehen

besinnend warten

bei einer Zeile bleiben

Den Augenblick leben

Nicht Aufmerksamkeit vergeuden,
sich voll auf das Gegenwärtige konzentrieren,
nicht schon etwas anderes denken, sich
ablenken lassen, sondern
die Ausstrahlung des Augenblicks er-leben.

„Wenn du sitzt,
dann sitze nur.
Wenn du stehst,
dann stehe nur.
Vor allen Dingen,
wackle nicht."

Altes chinesisches Sprichwort

Der bekannte Humanpsychologe Abraham Maslow spricht in dem Zusammenhang von einem Gipfelerlebnis, von einem tiefen Empfinden. Jeder von uns hat sicherlich schon einmal ein solches Gipfelerlebnis, ein solches Schlüsselerlebnis gehabt, z. B. in einer Begegnung, mit Freunden, auf einem Berggipfel, in einem Konzertsaal, bei der Geburt eines Kindes. Hier fließt Energie, ein nachhaltiger Eindruck in unsere Seele. Wir sind ergriffen. „Es hat mich einfach überwältigt." „Ich war ganz weg, erfüllt." „Ich habe mich ganz vergessen." „Ich war in dem, was ist."

Ein solcher Flow-Effekt, das Er-leben des Augenblicklichen, erfüllt uns mit innerer Ausgeglichenheit, mit Freude, Energie und gutem Gefühl. Es verhindert ein Ausbrennen von Körper, Geist und Seele, sorgt für Entspannung und Stressabbau.

Das Gegenteil sind die hektischen Springer, die sich keine Zeit für das gegenwärtige Tun gönnen. Sie erleben nichts.

Ziel ist es also, die Aufmerksamkeit voll auf die jeweilige Aufgabe zu konzentrieren, alle möglichen Ablenkungen auszuschließen, die Tür abzuschließen, das Handy abzuschalten. Der wichtigste Mensch ist immer der, der gerade vor mir steht. Den Augenblick erleben bedeutet aber auch, nicht gleichzeitig über Vergangenes nachzudenken, nicht gleichzeitig Zukünftiges zu planen, seine Gedanken umherschweifen zu lassen. Wenn wir ganz achtsam im Augenblick leben, uns ganz einlassen auf das, was gerade ist, ist ein tiefer, erfüllender Austausch möglich. Wenn uns Verzweiflung und Melancholie überkommen, liegt das oft daran, dass wir zu viel grübeln, zu viel an die vergangenen Erfahrungen oder an eine ungewisse Zukunft denken. Ein sicherer Weg, der Verzweiflung zu entrinnen, besteht darin, in der Gegenwart zu leben, jeden Augenblick zu er-leben. Zum Abschluss noch folgende Tipps von Tom Wujec und Pierre Teilhard de Chardin, dem großen geistlichen Meister unserer Zeit.

Tipp: Um Ihre geistige Energie beser zentrieren zu können, denken Sie immer daran, eine der Konzentration förderliche Körperhaltung einzunehmen, Interesse zu entwickeln und sich bestimmte Aufgaben zu stellen. Durch diese Maßnahmen wirkungsvoll unterstützt, wird Ihr Geist mit der Zeit schärfer werden.

„Konzentration ist das Geheimnis der Stärke
in der Politik, im Krieg, im Handel,
kurz: bei allen menschlichen Angelegenheiten."

Ralph Waldo Emerson,
amerikanischer Philosoph, 19. Jahrhundert

„Durch alle Zugänge überflutet uns das Wahrnehmbare mit seinen Reichtümern. Speise für den Körper und Nahrung für die Augen, Harmonie der Töne, Fülle des Herzens, unbekannte Erscheinungen, alle diese Schätze, alle diese Reize, alle diese Anrufe steigen von allen vier Enden der Welt auf und durchdringen in jedem Augenblick unser Bewusstsein. Was wollen sie in uns bewirken? Was bewirken sie in uns, selbst wenn wir sie wie schlechte Arbeiter untätig oder gleichgültig empfangen?... Beobachten wir uns selbst nur eine Minute, und schon sind wir davon bis zur Begeisterung oder bis zur Beklemmung überzeugt." Teilhard de Chardin

7.4.2 Glücksmomente und Augenblicke im Alltag

Wir benötigen eine neue Disziplin, eine neue Sicht der Aufmerksamkeit: von der fixierten, oberflächlichen zu einer konzentrierten, tiefergehenden Aufmerksamkeit der Reflexion, die ganz bei dem ist, was gerade geschieht.

Übung
Sich in etwas versenken, Anteil nehmen

Anlass

„Wir können auf dieser Welt keine großen Dinge vollbringen – wir können nur kleine Dinge mit großer Liebe vollbringen"

Mutter Teresa

Oft verrichten wir Dinge, Tätigkeiten, ohne mit den Gedanken, mit der Seele dabei zu sein. Es fehlt dann die innere Anteilnahme, der Sinn des Tuns. Alles ist nur Routine.

Ob wir nun Geschirr spülen, eine Aufgabe im Betrieb erledigen, bügeln, Schuhe putzen, mit jemandem reden oder einen Vortrag vorbereiten – jede Handlung, die wir mit Aufmerksamkeit, mit innerer Anteilnahme oder gar mit Liebe erfüllen, wird mühelos, leicht. Wir verrichten sie im „Flow", mit Hingabe, weil wir uns darauf einlassen. Unsere Seele schwingt mit.

Wenn wir also präsent, voll dabei sind, als wäre dies das Wichtigste auf der Welt, denn hat das drei Vorteile.

Vorteile, wenn wir uns in eine Sache versenken

1. Es macht mehr Freude und Sinn.

2. Die Tätigkeit wird interessanter und konzentrierter, weil wir nicht abgelenkt sind. Sie kostet weniger Energie, wir sind nicht zerstreut.

3. Wir können sie erfolgreicher und besser erledigen. Zufriedenheit und eventuell Stolz stellen sich ein. Unser Selbstbewusstsein steigt.

Ziel

Versuchen wir also,

- uns auf unser Tun voll zu konzentrieren, uns nicht ablenken zu lassen,
- unser Tun mit Hingabe, mit Gefühl, Einfühlung oder gar liebevoll zu verrichten,

dann wird aus lästigen Pflichten

- entspanntes, erfolgreiches Tun,
- Freude und innere Bereicherung wachsen,
- unser Selbstbewusstsein, innere Zufriedenheit steigen,
- Stress, Anstrengung und Zerstreutheit bleiben aus.

Durchführung

Sich zwei Minuten versenken, konzentrieren

- Schauen Sie auf eine Uhr, die einen Sekundenzeiger hat.
- Entspannen Sie sich einige Augenblicke lang, sammeln Sie Ihre Aufmerksamkeit und konzentrieren Sie sich, sobald Sie bereit sind, auf die Bewegung des Sekundenzeigers.
- Achten sie zwei Minuten lang nur auf die Bewegung des Sekundenzeigers, als ob nichts anderes auf der Welt existierte.
- Wenn Sie den Faden verlieren, weil Sie über etwas anderes nachgedacht haben oder weil Sie einfach geistig weggetreten waren, halten Sie inne, sammeln Sie Ihre Aufmerksamkeit und beginnen Sie von vorne.
- Versuchen Sie, zwei ganze Minuten lang konzentriert zu bleiben.
- Hören Sie nun auf zu lesen, nehmen Sie sich eine Uhr und führen Sie die Übung aus.
- Beginnen Sie jetzt!

nach Tom Wujec, Schneller schalten als andere, Genf 1988, S. 40

Aufmerksamkeitserreger

Hier folgen nun einige weitere Übungen, mit deren Hilfe Sie Ihre Aufmerksamkeit konzentrieren können. Probieren Sie sie aus, wenn Sie sich fit und ganz auf der Höhe fühlen, und auch dann, wenn Sie abgespannt und nicht ganz auf dem Posten sind.

Aktionszyklen:

Wenn Sie das nächste Mal Geschirr spülen, dann halten Sie mit Ihrer Aufmerksamkeit haus, indem Sie die mechanische Arbeit in Aktionszyklen unterteilen. Wenn Sie einen Löffel zum Spülen in die Hand nehmen, sprechen Sie im Geiste das Wort: „Los!" Widmen Sie nun dem Spülen des Löffels so viel Aufmerksamkeit, als ob Sie eine Gehirnoperation durchführen würden. Sind Sie damit fertig, legen Sie den Löffel in das Trockengestell und sagen Sie im Geiste: „Schluss!". Wiederholen Sie den Vorgang bei jedem weiteren Geschirrteil.

Geistige Kaffeepausen:

Legen Sie einen kleinen Gegenstand, also beispielsweise einen Stift, ein Geldstück oder eine Büroklammer vor sich auf den Tisch. Konzentrieren Sie sich fünf Minuten lang auf diese Sache. Jedes Mal, wenn Ihr Geist zu etwas anderem abschweift, führen Sie ihn behutsam zum Gegenstand zurück. Merken Sie sich, wie oft Ihr Geist unaufmerksam wurde.

Sich in etwas versenken, konzentriert dabei sein

Wenn wir
- Geschirr spülen
- telefonieren
- Blumen gießen
- Gespräche führen
- Schuhe putzen
- einen Vortrag
vorbereiten u.a.

und dabei
- aufmerksam sind
- Anteil nehmen
- bei der Sache sind
- auf unser Tun voll
  konzentriert sind,
- es gerne, liebevoll
  tun,
- uns hingeben

dann geschieht das

- leicht und mühelos,
- ohne Anspannung und
- inneren Stress.
- Wir sind im Flow,
- mit ganzem Herzen und der Seele dabei,
- unser Tun bringt Freude, Sinnerfüllung,
- unsere Seele tankt auf, bekommt Kraft und
  schwingt mit.

Glücksmomente festhalten

Ein persisches Sprichwort sagt:

„Ein Augenblick der Seelenruhe ist besser als alles, was du sonst erstreben magst."

Versuchen Sie deshalb selbst im Trubel des Alltags kurz gedanklich auszusteigen, einen Augenblick zu träumen, vielleicht sogar kurz die Augen zu schließen und einen tiefen Atemzug zu nehmen. Beim Einatmen atmen Sie die Strahlen der goldgelben Sonne ein und beim Ausatmen das Grau und die Anspannung aus.

„Gönne dir einen Augenblick der Ruhe und du begreifst, wie närrisch du herumgehastet bist."   Tschen Tschin

Seelen-Momente genießen

Machen Sie es sich zur Gewohnheit, täglich kleine Glücksmomente zu genießen. Steigen Sie aus dem Alltagsgeschehen kurz aus und betrachten Sie die Sonne, die vom Himmel lacht, oder eine wunderschöne Blütenknospe, ein Kind, das auf dem Rasen spielt, oder andere seelenerquickenden Situationen.

„Die Seele nährt sich von dem, an dem sie sich freut."

Augustinus von Hippo

Alltags-Augenblicke er-leben

Es gibt im Alltag zahlreiche Situationen, die wir bewusst er-leben können, z. B.

- eine leckere Aprikose ganz bewusst schmecken, ein gutes Essen in schöner Atmosphäre genießen,
- einen Menschen zum Lachen bringen,
- einem anderen ein Kompliment machen, dem Partner sagen, dass man ihn liebt,
- einfach über etwas staunen,
- mal sich wie ein Kind verhalten.

Auch hier kommt es auf die richtige Einstellung zum Leben an. Seneca sagt, selbst wenn draußen Lärm und Unruhe herrschen, berührt uns das nicht,

> „wenn kein Gedankenlärm die Seelenruhe stört. Nur die Ruhe ist wirklich, von Dauer und beglückend, die im Innern ihren Sitz hat.

> Bei so vielen aber ist selbst das Nichtstun, die Freizeit, das Ausruhen von Geschäftigkeit und Betriebsamkeit erfüllt. Im Bett, in der Einsamkeit, in den Ferien, von allem abgesondert, sind sie sich selbst zur Last. Auch jene, die ihren Körper in der Sonne rösten lassen oder ihre Zeit mit Spielen verbringen, haben keine eigentliche Muße; denn ihre Vergnügungen machen wirkliche Seelenstillung und -ruhe schwer oder unmöglich."

7.5 Genieße, was ist

In der Hektik unseres Alltags geht uns die Fähigkeit verloren, unser Tun, die Früchte unserer Arbeit, das Erfreuliche an einer Begegnung mit einem Menschen zu genießen. Wir sind uns oft auch nicht bewusst, welche Stärken und Fähigkeiten wir haben. Statt diese zu genießen, kultivieren wir unsere negativen Erfahrungen. Die Betrachterperspektive ist oft falsch.

Verweilen und Genießen brauchen wir aber zum Leben, zum Auftanken für unsere Seelen-Balance. Dabei geht es nicht um Genuss und Konsumsucht, die uns überreizen und uns nicht zu einem nachhaltigen, tieferen Genießen führen.

„Das Leben ist bezaubernd,
man muss es nur durch die richtige Brille ansehen."

Alexandre Dumas

Nur ein solches Genießen bringt Zufriedenheit und Seelenfreuden.

Praktische Tipps für mehr Lebensgenuss

- Lassen Sie etwas Schönes nachklingen, z.B. eine schöne Musik, ein kuschelig warmes Bett, einen Kuss, ein gutes Gespräch, einen schönen, roten Apfel.
- Betrachten Sie wie ein Genießer ein Gemälde, die untergehende Sonne, eine Aussicht, Ähren im Wind.

7.5.1. Mehr genießen statt schnell konsumieren

Um genießen zu können, sollte man innehalten, betrachten, mit allen Sinnen sich auf den Gegenstand konzentrieren. Genuss lässt sich nicht mit Schnelligkeit und Aktivität vereinbaren. Man muss aus der Hektik und der Fülle der täglichen Anforderungen heraustreten und fähig sein, seine eigene sinnliche Wahrnehmung zu pflegen. Nur so kann man genießen. Wichtig ist es also, etwas, was uns gut tut, was wir begehren, in einem genießerischen Augenblick zu betrachten, zu schätzen, zu kultivieren – das kann ein Sonnenuntergang, aber auch ein Gemüseteller sein. Man kann aber auch dem Sonnenuntergang keine Beachtung schenken und den Teller Gemüse nur hinunterschlingen, um satt zu werden. Genießen hängt wesentlich mit Achtsamkeit und einer positiven Einstellung zusammen. Genuss ist selbstbestimmt, auf meine inneren, seelischen Bedürfnisse bezogen. Konsum dagegen besitzt keine Nachhaltigkeit, sondern ist schnell verdaut. Essen kann man z. B. nebenbei in sich hineinstopfen, man kann es aber auch gemächlich und achtsam Bissen für Bissen genießen. Genießen weckt positive Emotionen, stärkt das Immunsystem und fördert das seelische Gleichgewicht.

Die Kostbarkeiten des Lebens genießen

Wir verwenden oft viel wertvolle Zeit und Energie für Small Talk, für überflüssige Informationen, sinnlose Auseinandersetzungen und vergebliches Tun.

Ich erlaube mir,

- meine Fähigkeiten, meine Erfahrungen im Leben zu genießen, wertzuschätzen,
- in den Spiegel zu schauen, mich selbst, meinen Körper, meine Figur zu genießen, zu akzeptieren,
- mich selbst zu mögen und zu lieben, sogar auch die Dinge, die andere nicht gutheißen,
- öfter einen Tag zu etwas Besonderem zu machen und ihn mit Genuss und Freude zu gestalten – das tut meinem Körper gut, erfüllt mein Herz und beglückt meine Seele.

Genießen und selig sein

„Um leben zu können, musst du genießen können. Ich meine nicht die Genuss-Sucht, die so viele Menschen krank und zu Sklaven macht. Und wenn du genießen kannst, kannst du lachen. Du freust dich. Du bist dankbar, dass jeden Morgen die Sonne für dich aufgeht. Du kannst selig sein über ein weiches Bett und über eine warme Wohnung.

In jedem Lächeln, in jeder Blume, in jedem guten Wort, in jeder Hand, in jeder Umarmung. Wenn du kleine Dinge in aller Ruhe genießen kannst, dann wohnst du in einem Garten voller Seligkeit."
Phil Bosmans

7.5.2. Erlauben Sie sich mehr vom Leben

„Habe Mut, du selbst zu sein!"
Nikolaus von Kues" (auch Cusanus, 1401–164), Bischof von Brixen).

„Um in den Spiegel zu schauen, brauchen wir Mut und Demut. Mut, uns der Wirklichkeit zu stellen, Demut, auch unsere Grenzen zu sehen und uns in unseren Grenzen anzunehmen."
Reinhard Lettmann (Bischof des Bistums Münster).

Betrachtung beim Zähneputzen, Rasieren oder Schminken am Morgen

Sehen Sie Ihr Gesicht bewusst an. Was mögen Sie an sich? Welche Spuren zeugen von welchem Erlebnis? Von welcher Trauer? Haben Sie Narben, Sorgenfalten? Wie gefallen Sie sich selbst, wenn Sie lächeln? Für welchen Teil Ihres Gesichts oder Körpers haben Sie schon Komplimente bekommen? Wiederholen Sie die netten Worte. Mögen Sie, was hinter Ihrem Gesicht und unter Ihrer Haut vorgeht? Wo fühlen Sie sich nicht wohl in Ihrer Haut? Wo stecken Sie gern in Ihrer eigenen Haut? Was muss passieren, damit Sie sich selbst heute ins Gesicht sehen können?

Übung

Durchführung

- Es gibt zwei Möglichkeiten, sein Leben zu gestalten:
- Wir nehmen alles, was ist, was wir haben, oft als selbstverständlich hin, fordern immer mehr und sehen alles kritisch und negativ.
- Wir können das Leben aber auch mit Zuversicht und Dankbarkeit sehen. Nichts ist selbstverständlich. Viele haben auch zu dem beigetragen, was ich besitze. An das Gute glauben macht Hoffnung. Das Leben sehe ich primär als Geschenk.

Der Unterschied zwischen beiden Haltungen spiegelt nicht die reale Erfahrung, sondern die Einstellung, mit der wir die Welt und den Alltag sehen. Die einen konzentrieren sich auf das, was schief geht, die anderen auf das, was gut läuft, was sie genießen können. Die einen fordern ständig mehr und sind unzufrieden, die anderen sind dankbar für alles und freuen sich darüber.

Positives Betrachten und Dankbarkeit bringen inneren Frieden und Ausgeglichenheit. Danken macht unser Leben reicher. Wenn wir anderen Menschen eine Freude machen, eine Blume oder ein anerkennendes Wort schenken, erfahren wir es unmittelbar. Um mehr Freude und seelisches Gleichgewicht in unser Leben zu bringen, könnten wir primär das Gute, das Erquickende, das Schöne betrachten, wahrnehmen, wie reich uns das Leben täglich beschenkt. Es gibt keine bessere Möglichkeit, Ängste, Sorgen und negatives Denken im Keim zu ersticken.

Ziel

Versuchen Sie, den Blick stärker auf das Schöne, das Erfreuliche, das natürlich Harmonische im Leben zu richten.

Durchführung

Pflegen Sie ein- oder zweimal täglich ein Ruhe-Ritual, z. B. morgens in Form einer Morgenmeditation oder einer Betrachtung der erfreulichen Ereignisse des kommenden Tages oder abends in Form eines Dankgebetes oder einer Reflexion über das, was tagsüber schön war und gut gelaufen ist.

Setzen oder legen Sie sich entspannt hin und denken Sie an die schönen kleinen Dinge, an

- ein Lächeln,
- ein gutes Wort,
- eine Berührung,
- einen Sonnenuntergang,
- einen Regenbogen
- einen netten Menschen
- eine Blume

Alle diese „Schönheiten" können Anlässe sein, die Ihnen Entspannung, Zuversicht, Lebensfreude bringen, die Sie mit Dankbarkeit in sich aufnehmen können.

In Ruhe genießen

Genießen können wir nur, wenn wir uns Zeit und Ruhe dafür nehmen. Nur dann können wir das, was uns besonders anspricht, was wir erleben, auch genießen.

„Das Leben ist kurz, weniger wegen der kurzen Zeit, die es dauert, sondern weil uns von dieser kurzen Zeit fast keine bleibt, es zu genießen."

Jean-Jacques Rousseau

Alles als etwas Besonderes genießen

Wir können viele Situation des Lebens – z. B. Kinder, Blumen, Gespräche mit Freunden, Kauf eines schönen Gegenstandes, aber auch das Essen eines Apfels – als etwas Besonderes, etwas Beeindruckendes, als „Wunder" oder als Teil von Gottes Schöpfung betrachten und es genießen .Wenn wir das wirklich so sehen können, nähren wir unsere Seele. Wenn wir beim Essen z. B. innehalten, die Formen und Farben des Gemüses betrachten, das Aroma genießen, den Geschmack betrachten und uns über die guten Dinge im Leben freuen, nähren wir unsere Seele, harmonisieren unseren Körper. Manchmal essen wir aber auch seelenlos, schaufeln das Essen in uns hinein, während wir an der Pommesbude stehen oder die Zeitung lesen. Wir essen nicht bewusst, sind wenig achtsam mit unserem Körper, sind geistig nicht bei der Sache und unsere Seele leidet.

Dasselbe gilt für spirituelle Nahrung. Manchmal sind wir überwältigt, genießen. Doch allzu oft werden wir nicht ergriffen von beseelten Augenblicken, sind uns nicht bewusst, wie schön es ist, so zu denken, zu fühlen und zu sehen, wenn z. B. ein anderer Mensch mir eine Freundlichkeit erweist. Wenn jemand mir etwas Liebes sagt, kommt das manchmal nicht an. Ich werde nicht davon ergriffen, ich kann es mir nicht zu Herzen nehmen. Wir sind spirituell nicht wach und unsere Seele gerät nicht in Schwingung, erfüllt uns nicht, macht uns nicht froh oder gar glücklich.

„Jeder von uns erlebt beseelte Augenblicke in seinem Leben – wenn er einen herrlichen Sonnenaufgang beobachtet, den Ruf einer Nachtigall hört, die Falten in den Händen seiner Mutter sieht oder den süßen Duft eines Babys einatmet. In diesen Augenblicken beginnen Körper und Geist zu schwingen, denn wir erfahren das Wunder, ein menschliches Wesen zu sein."

Marion Woodmann

Ordnung und Schönheiten des Lebens genießen ist wichtig für das Wohlbefinden meiner Seele, meines Körpers und Geistes. Ich kann mich so in

Stimmung, in Balance halten bzw. bringen. Ein solches Wohlbefinden fördert auch Lebenskraft und Gesundheit. Wir sollten deshalb die Seelen-Augenblicke im Leben öfter nutzen, innehalten und achtsam betrachten.

Beseelte Augenblicke genießen

Jeder von uns erlebt beseelte Augenblicke in seinem Leben, z. B., wenn wir einen herrlichen Sonnenaufgang beobachten, den Blick eines liebevollen Menschen oder die innige Zuwendung der Mutter zu ihrem Kind. In diesen Augenblicken werden wir ergriffen von etwas, emotional beglückt. Körper und Geist beginnen zu schwingen, manchmal so stark, dass uns Röte ins Gesicht steigt. Die Seele ist in einem solchen Zustand der Ergriffenheit so etwas wie eine Brücke zwischen Geist und Körper.

Wir besitzen oft viele materielle Güter, Geschenke, selbst gekaufte Dinge, die uns eigentlich nichts bedeuten. Wir fühlen uns leer, weil diese Güter die Verbindung zur Seele verloren haben. Vieles, was uns in unserem Leben umgibt, beseelt uns nicht mehr, erfüllt uns nicht mehr mit Gefühl und Wohlbefinden. Genießen im echten Sinne bedeutet unsere Seele nähren. Wenn wir das im Leben vernachlässigen, verkümmert die Seele. Ohne Seele beginnt aber das Leben seinen Sinn und seine Bedeutung zu verlieren. Ich habe zwar materiellen Wohlstand, aber kein Wohlbefinden. Depressive Verstimmung und Sinnlosigkeit stellen sich nicht selten ein. Ohne Seele wird das Leben öde und langweilig, hat keine Tiefe und Ergriffenheit mehr.

7.6 Pflege deine Tagesordnung

Lebens-Balance halten gehört heute in einer so hektischen und bewegten Welt zu den zentralen Lebensaufgaben eines jeden Einzelnen. Das Wort Ordnung erhält so eine neue Bedeutung. Früher hat man den Menschen eine solche Lebensordnung von außen nahegelegt.

Der Blick auf die von der Natur vorgegebenen Rhythmen und biologischen Prozesse erleichtert es uns, die eigene Lebensordnung, den natürlichen Verlauf z. B. von Ruhe und Aktivität, von Besinnung und Oberflächlichkeit, von Entspannung und Stress zu gestalten.

7.6.1. Dem Tag eine Struktur geben

Auch der Tagesverlauf, die Tagesordnung waren früher den natürlichen Rhythmen, dem natürlichen Licht unterworfen. Sonnenaufgang und -untergang regelten den Tagesverlauf. Die Elektrifizierung, aber auch die industrielle und gesellschaftliche Entwicklung veränderten schrittweise die allgemein übliche Tagesordnung. Der Tag wurde zum Arbeitstag mit der Gefahr, dass der Mensch keine Zeit mehr zum Ausruhen fand und bestimmte Ruheoasen und „Seelenrituale" ausblieben. Körper und Geist werden daher oft überfordert, gestresst und in ihrer Gesundheit geschwächt.

Auch unsere Seele braucht Ruhe, Stille, Meditation und Reflexion, braucht Pausen im Tagesverlauf. Wichtig ist deshalb eine Tagesordnung, in der auch Platz für Pausen der Seele ist. Ein solcher Tagesplan sollte Ritual bzw. Gewohnheit sein, Seelen-Pausen sollten fest im Tagesablauf verankert werden.

• Der biologische Tagesrhythmus lässt sich kaum ändern. Er beeinflusst die physiologische und seelisch-mentale Bereitschaft für eine Besinnung.

• Der Rhythmus von Tag und Nacht, aber auch im Tagesverlauf verlangt – wie wissenschaftliche Studien zeigen –, dass der Mensch sich in diesen Rhythmus einschwingt, z. B. mit seinem Schlaf-Wach-Rhythmus und seinem Pausenrhythmus im Verlauf des Tages (vgl. E. Rossi & D. Nimmrus, 20 Minuten Pause, Paderborn 2007).

- Wer sich auf die natürlichen Rhythmen einlässt, lebt gesünder, kann einen seelischen und körperlichen Zusammenbruch, einen Burnout vermeiden, ist ausgeglichener und zufriedener und damit leistungsfähiger und erfolgreicher.
- Wenn wir unser Erholungsbedürfnis, das Verlangen nach Lebensordnung missachten, fühlen wir uns bald gestresst, erschöpft und ausgebrannt. Wir entwickeln dann eine Vielzahl von seelisch-körperlichen, psychosomatischen Krankheiten wie z. B. Burnout, Stress-Depression.

7.6.2. Eine Tagesordnung gestalten

Nach dem Wort des Psalms „Siebenmal am Tag singe ich dein Lob ..." (Psalm 119, 164) unterbrechen Mönche meist aus spirituellen Gründen täglich ihr Tagwerk, um Gott die Ehre zu geben. Sie geben damit aber nicht nur Gott die Ehre, sondern pflegen Körper, Geist und Seele. Ähnlich verhält es sich mit dem regelmäßigen Gebet der Muslime.

Regelmäßige Pausen für Körper, Geist und Seele

Es wäre für uns alle sinnvoll, den Arbeitstag zu unterbrechen, im Getriebe des Alltags Ruhe zu suchen, z. B. durch

- Morgen-Erfrischungen als Einstimmung in den Tag, um Körper, Geist und Seele den Einstieg in den Tag zu erleichtern, z. B. durch Dusche, Gymnastik, Gebet oder mentale Reflexion
- Zwischenpausen
- Mittagspause
- Abendentspannung und -besinnung

Diese Ruhezeiten müssen wir uns heute wohl bewusster nehmen als früher. Körper und Geist werden oft überfordert und die Seele kommt nicht mit, erhält keine Chance, Besinnung, Sinn und Orientierung zu geben. Die Work-Life-Seelen-Balance ist weitgehend verlorengegangen. Wir sollten sie neu gestalten. Das heißt nicht, seinen Launen nachzugeben, sondern – wie früher für die Mönche „ora et labora", bete und arbeite –, so gilt auch heute arbeite und besinne dich, strenge dich an und entspanne dich.

- Die Seelen-Relax- und –Auftank-Pausen können sehr unterschiedlich sein, sowohl was die Dauer als auch den Anlass angeht. Die folgende Übersicht gibt einige Beispiele.

Unterschiedliche Pausen

Pausenart	Ungefähre Dauer in Min.	Inhalte der Pausen
Auflockerungen	0,5	z. B. Lachen nach einer lustigen Einlage, Kurzentspannung, Augenblick genießen
Kurze Unterbrechung	1	Umschaltpause, Sende-Pause, Entschleunigen, Moment of Excellence
Kurz-Pause	5	Kurzes Vertreten, Bewegen, Luftholen, Verlassen des Raumes, Zeit für mich
Große Pause	20	z. B. kurze Kaffeepause, Bewegung an frischer Luft, Entspannungs-Besinnungs-Übung, Meditation
Erholungspause	60–90	z. B. Mittagspause mit Bewegung, Ausruhen, Mittagsschlaf, Meditation
Urlaub Feste	1–8 Tage	Heilfastenwoche, Fest feiern, Yoga- oder Entspannungs-Seminar u.a.

In diesen Pausen können wir in unterschiedlicher Form Kontakt mit unserer Seele aufnehmen, auf sie hören bzw. sie programmieren. Die Quellen der seelischen Kräfte lassen sich so zum Fließen bringen. Eine Heilfasten- bzw. Besinnungswoche einmal jährlich ist eine Zeit der seelisch-körperlichen Reinigung, ein Frühjahrs- oder Herbstputz der Seele. Durch Fasten erheben sich Geist und Seele. Neue Energien werden freigesetzt, indem wir uns bewusst zurücknehmen, Nahrung reduzieren und fasten.

Rituale in den Tagesablauf einfügen

Machen wir aus den Seelen-Relax- bzw. Seelen-Reflex-Pausen feste Tagesrituale, z. B. morgens mit einer Meditation beginnen oder sich täglich eine Stunde draußen in der frischen Luft bzw. Sonne bewegen, um Glückshormone zu aktivieren. In solchen Ritualen fühlen sich Körper und Seele wohl. Rituale sind wie ein festes Gehäuse für die Entwicklung und das Gleichgewicht der Seelen-Kräfte. Selbst wenn unser Kopf immer Abwechslung braucht, unsere Seele und unser Herz wollen immer dasselbe.

„Tue deinem Leib Gutes, dass deine Seele Lust bekommt, darin zu wohnen.“

Teresa von Avila

Wenn unser Leben gelingen soll, brauchen wir immer wieder Halt und Orientierung, eine Besinnung und die Kraft für eine Lebenskorrektur. Rituale können dabei helfen, in der Hektik des Alltags „abzutauchen". Sie bieten einen Ort der Reflexion, geben Vertrauen und Sicherheit, Neues anzupacken.

Alle möglichen altbekannten und vertrauten Handlungen, alle Routine-Übungen des Alltags lassen sich enorm vertiefen, wenn wir deren seelische Komponente mit beachten. So könnte man aus jedem morgendlichen Duschen ein Ritual des Loslassens machen, ein ganz normaler Saunagang böte die Möglichkeit, bewusst auszuschwitzen, was überflüssig geworden ist und abfließen will. Manch schwierige seelische Situation ließe sich auf diesem Weg gut ausschwitzen. In dieser Hinsicht bietet sich eine Fülle von Möglichkeiten, Sinn in Gewohnheiten zu bringen und aus dem Leben ein einziges großes Ritual zu machen, das spielerischen Charakter haben dürfte und in dem sich vieles auch mit links bewältigen ließe. Und genau dann kann jenes Glück ins Leben treten, das uns schon zu Beginn dieses Buches begegnete. Dazu folgende Übung:

Übung: Zuversichtlich denken und vorstellen

Anlass

Zuversichtliche Menschen haben meist mehr Erfolg und sind vitaler als andere. Sie haben Vertrauen, Zuversicht und glauben, dass sie das bekommen, was sie brauchen. Sie rechnen mit positiven Ergebnissen. Negative Gedanken sind schlechte Berater. Sie lenken unsere Energien in Konflikte, Zweifel und Bedenken statt in Zukunftsenergien, in Ziele und in Zuversicht. Negative Gedanken machen ängstlich, engen ein, bringen schlechte Laune und gar körperliche Beschwerden. Negatives Denken und Handeln beruht selten auf der Realität, sondern auf alten Denkmustern und negativen Erfahrungen.

Zuversichtliche Gedanken hingegen richten unsere Aufmerksamkeit und Vorstellungskraft auf Hoffnung und Zuversicht trotz allem Dunkel. Sie fördern die Selbstmotivations- und Selbstheilungskräfte. Sie helfen, eher gesund zu werden, die Probleme zu lösen und die Ziele eher zu erreichen.

Menschen, die denken und ihre Lebenserfahrung als Lern- und Zukunftschancen sehen, entwickeln Zuversicht. Statt einer persönlichen und negativen

Betrachtungsweise sollten wir eine zuversichtliche, hoffnungsvolle Einstellung entwickeln und pflegen, z. B. durch Mind-Coaching.

Ziel

Mit Hilfe von Vorstellungskraft den Glauben und die Erfolgsgewissheit verstärken, dass sich etwas zum Guten hin ändert.

Durchführung

Setzen Sie sich entspannt und aufrecht hin.

Suchen Sie nach einer Lösung, nach neuen Wegen, nach etwas aus Ihrem Leben, was nicht mehr stimmt, was stört, was Sie belastet.

Verstärken Sie diese Lösung in Ihrer Vorstellungskraft, fügen Sie Hoffnung und Zuversicht in Gedanken hinzu. Entwerfen Sie ein zuversichtliches Erfolgsbild, so dass ein Gefühl der Zuversicht entsteht. Machen Sie dieses Bild positiv, attraktiv, klar und energievoll.

Bewusste Seelenpflege durch tägliche Rituale

„Während eine seelenvolle Erfahrung für jeden Menschen etwas anderes ist, setzen diese Erfahrungen doch bei allen Menschen eine ähnliche Ausgangslage voraus. Es geht zunächst einmal darum, sich überhaupt zu erlauben, seelenvoll zu sein, diesen Aspekt des eigenen Wesens – unserer Seele und ihre Bedürfnisse – ernst zu nehmen."

Jean S. Bolen

Man kann es zum Ritual machen, dass man die Seele spürt, wenn man etwas wirklich Schönes, Beeindruckendes sieht, einem Menschen begegnet, mit dem eine „Seelenverwandtschaft" besteht. Diese Augenblicke des Innehaltens und des tiefen Wahrnehmens sind wie Seelenwärmer, wie ein Gebet, ein Moment der Zuversicht und Liebe.

Solche und andere Seelenerfahrungen gilt es zu ritualisieren, so oft wie möglich zu gestalten.

Morgenritual für die Seele

Wenn ich morgens aufwache, noch im entspannten Alpha-Zustand bin, sollten meine Gedanken sich auf die zu erwartenden seelenvollen Momente des vor mir liegenden Tages richten, auf die aufgehende Sonne, eine positive Begegnung, auf interessante Aufgaben. In der Dusche kann das warme Wasser dazu beitragen, alles Belastende abzuspülen. Bei einer Tasse Kaffee kann man verweilen und in den Himmel, nach draußen schauen. In der Zeitlosigkeit solcher kreativen Augenblicke lässt sich die Fülle des Lebens und der Seele erfahren.

Die morgendlichen Rituale führen uns auf sanfte, positive Weise in den neuen Tag, geben uns Zuversicht und Energie. Ganz anders die morgendliche Hektik, die von Panik erfüllte Atmosphäre, die bei vielen Menschen morgens herrscht, weil sie sich keine Zeit und Besinnung gönnen.

Begegnung mit Menschen auf der Seelenebene

Versuchen Sie, ab und zu Menschen zu treffen, mit denen Sie sich auf der Seelenebene begegnen können.

> „Ein Seelenfreund ist jemand, mit dem wir unsere größten Freuden und tiefsten Ängste teilen können, dem wir unsere schlimmsten Sünden und hartnäckigsten Fehler beichten können, dem wir unsere größten Hoffnungen und vielleicht noch völlig unausgereiften Träume offenbaren können."
>
> Edward C. Sellner

Eine solche Seelenverbindung entsteht möglicherweise während einer Unterhaltung, bei der beide Partner einander wirklich zuhören und sich gegenseitig spiegeln, auf der gleichen „Frequenz" kommunizieren. Das bedeutet, einen Dialog zu führen, der ein Loslassen des Egos und der inneren Widerstände voraussetzt, um so Gefühle auszudrücken und innere Erfahrungen in Worte zu fassen. Es kommen Seele und Liebe bei einem solchen Gespräch mit ins Spiel, eine Seelenbindung. Man geht in einem solchen Gespräch völlig auf.

Wichtig ist dabei, sich genügend Zeit zu nehmen, sich zu erlauben, seelenvoll zu sein. Das ist nicht leicht, denn es gibt viele Hindernisse, z. B. das Sachgespräch, bei dem Leistung oder Selbstdarstellung zählt und nicht die Qualität der Lebenserfahrung.

„Ein seelenvoller Mensch zu sein heißt, die allgegenwärtigen äußeren Werte unserer auf Egobestätigung ausgerichteten Kultur zu ignorieren und stattdessen das zu schätzen, was an ihnen einzigartig und wertvoll ist, ihre inneren Werte und ihre persönliche Entwicklung.

Traurigerweise warten manche Leute, bis sie einen Herzinfarkt oder ein Magengeschwür bekommen oder ihr pubertierendes Kind in Schwierigkeiten gerät oder ihr Partner sie verlässt, bevor sie sich endlich nach innen wenden und sich um ihre seelischen Bedürfnisse kümmern."

Jean S. Bolen, Fenster der Seele, in R. Carlson, Das kleine Buch der Seele, München 2000, S. 24

Eine solche seelenwärmende Begegnung nährt die Seele und stärkt die Lebensenergien. Leider klammern viele Menschen ihre Seelenbedürfnisse aus, weil sie sich ausschließlich ihren täglichen Pflichten hingeben, wie einkaufen, im Büro arbeiten u.a. Wenn wir von unseren Alltagspflichten aufgefressen werden, bleiben uns nur wenig Augenblicke, um uns mit der eigenen Seele und der anderer Menschen zu verbinden. Gespräche bleiben heute allzu oft an der Oberfläche, im Sachgestaltungsbereich. Wir erkennen oft zu spät, dass der „Seelenhunger" zu psychosomatischen, seelischen Störungen bzw. Krankheiten führen kann.

Schon Sebastian Kneipp wusste:

> „Erst als ich daran ging,
> Ordnung in die Seelen meiner
> Patienten zu bringen, hatte ich
> vollen Erfolg."

Bewusstes Innehalten

Im Laufe des Tages unterbreche ich öfter mein Tun und Handeln und konzentriere mich bewusst auf etwas, was mich umgibt, z. B. das Blatt einer Blume, das Bild meiner Liebsten, das bereits Erarbeitete u. a. Diese Achtsamkeit gibt meinem Alltag etwas Entspannendes und vielleicht meinem Leben einen tieferen Sinn. Jeder Tag erhält durch solche Momente des Innehaltens eine besondere Qualität.

7.6.3. Mentale Tagesgestaltung

Lebensgestaltung bedeutet Tagesgestaltung. Diese hängt wesentlich von der inneren Einstellung, dem eigenen Denken, von der geistigen Vorstellung und vom mentalen Konzept ab. Der einzelne Tag ist für alles, was wir tun, denken und erreichen wollen, der Fokus. Wenn es einen Schlüssel für ein beseeltes, erfülltes und gelungenes Leben gibt, dann ist es die Fähigkeit, den einzelnen Tag sinnvoll zu gestalten, eine Tagesordnung zu pflegen. Entscheidend für den Erfolg ist dabei das eigene mentale Konzept, die persönliche Vorstellung von der Tagesordnung im Kopf.

Deshalb sollen im Folgenden einige Grundsätze mentaler Tagesgestaltung genannt werden.

(1) Nutzen und genießen Sie den Tag

Es hängt wesentlich davon ab, wie ich meinen Tagesverlauf nutze und genieße, ob der Tag nur so dahinfließt oder ob ich Augenblicke der Ruhe, der Besinnung, der beseelten Begegnung nutze und genieße, ob der Tag nur mit Sachgestaltung, Oberflächlichkeit und Hektik verläuft oder ob ich dazwischen Ruhe- und Seelenphasen erleben darf. Dazu einige Grundsätze:

Aktivieren Sie Ihre Lebenskunst.

Es gehört zur Lebenskunst, das Leben sinnvoll mit Zuversicht zu gestalten. Lebensfreude und Besinnung zu fördern, Entspannung und Muße in den Tagesverlauf einzubauen.

Stellen Sie sich auf das ein, was ist.

Der irische Schriftsteller Jonathan Swift stellte vor ca. 300 Jahren fest:

> „Genau genommen leben sehr wenige Menschen in der Gegenwart, die meisten bereiten sich vor, demnächst zu leben."

Wichtig ist es also, den jeweiligen Augenblick, die Gegenwart zu leben. In jedem Augenblick ist das, was ich tue, das Wichtigste, derjenige, der vor mir steht, der wichtigste Mensch. Statt oberflächlich, zerstreut und zerfahren zu leben, sollten wir uns auf das „Gegenwärtigste" voll konzentrieren.

> „Wenn es etwas gibt, wovon man nie genug haben kann, dann ist es die Aufmerksamkeit."
> Bill Harvey

Entscheidend ist jedoch, worauf ich meine Aufmerksamkeit richte. Es ist wichtig, meine geistige Energie auf das Wesentliche im Leben zu zentrieren, Wesentliches vom Unwesentlichen zu unterscheiden, Prioritäten zu setzen und vor allem „Seelenwärmer", beseelte Augenblicke zu nutzen und zu kultivieren.

Den Tag gut-denken und -reden

Statt den Tag zu bejammern und negativ zu sehen, sollten wir uns besser auf das konzentrieren, was uns an diesem Tag an Möglichkeiten, an Chancen geboten wird, was uns gelingen kann und uns Anlass zur Freude bietet. Unser Gehirn braucht solche positiven Verstärker, um in einer Wohlspannung zu bleiben. Leider hören wir viel zu oft: „Das ist nicht mein Tag, wenn nur der Regen nicht wäre, dieser Papierkrieg... usw." Eng damit verbunden ist folgender Grundsatz zur Tagesordnung:

Das Beste aus jeder Situation machen

Selbst wenn mal etwas im Tagesverlauf schief geht, versuchen Sie immer, Ihr Bestes daraus zu machen. Geben Sie sich Mühe, was möglich ist, auch gut, erfüllend und sinnvoll zu gestalten.

Sich Lösungen und Chancen bewusstmachen

Nicht die Probleme sollten in unserem Kopf die erste Geige spielen. Vielmehr geht es darum, Lösungen für Schwierigkeiten, Auswege, Chancen zu suchen. Dazu gehören auch Fragen wie: „Was kann ich mir heute Gutes tun? Was kann ich heute für mein Seelenheil, für mein geistiges und körperliches Wohlbefinden tun? Wie kann ich Menschen, die mir nahe sind, eine Freude bereiten?"

(2) Jedem Tag ein Ziel schenken

Ein Ziel bindet die Energie, verhindert, dass der Tag zerläuft. Überlegen Sie also am Vorabend oder am Morgen des Tages, was an diesem Tag für Sie besonders wichtig ist, was Sie erreichen möchten. Dabei geht es auch um kleine Ziele, um ausgewählte, kleine Freudensituationen, um etwas besonders Sinnvolles und Schönes, aber auch um das gute Gefühl, dass es ein erfreulicher Tag sein wird. Wichtig dabei ist der „Zielfilm" im Kopf, die Vorstellung vom Ziel, z. B. „ich arbeite heute entspannt".

Regel zur Zielerreichung

- Gewöhnen Sie sich an, zu bestimmten Zeiten im Tagesverlauf Ihr Ziel kurz zu visualisieren. Stellen Sie sich vor, wie Ihr Körper und Ihr Denken entspannt sind oder wie erfolgreich und beseelt das Gespräch mit einem Freund verlief.
- Stellen Sie negative Emotionen ab. Wenn Sie sich – trotz des Ziels, entspannt zu arbeiten – über ein unangenehmes Erlebnis erregen, stellen Sie sich etwas Positives als Gegenbild vor. Sie haben sich z. B. über Ihr Kind geärgert. Damit der Ärger Seele, Körper und Geist nicht schadet, visualisieren Sie eine Situation, in der Ihr Kind Sie liebevoll umarmte.
- Freuen Sie sich über Aufgaben, die Sie erfolgreich abgeschlossen haben, und genießen Sie das Erreichte.

(3) Pflegen Sie täglich Entspannung und Muße

Jeder Tag braucht neben der Arbeit und den Pflichten, neben der Anspannung auch Entspannung und Muße. Lebenskunst bedeutet deshalb Spannungs-Balance zu halten. Unsere Seele braucht – wie der Körper und der Geist – Ruhe, Stille, Entspannung. Diese gilt es im Tagesverlauf zu arrangieren.

Regeln für eine Spannungs-Balance

- Sich bewusstmachen, wie Sie sich tagsüber entspannen, was Ihnen Muße bringt.
- Nutzen Sie Ihre freie Zeit für Entspannung, Freude.
- Packen Sie Ihren Tag nicht zu voll, planen Sie Zeit für sich ein.
- Nutzen Sie Pausen, planen Sie diese ein, z. B. für eine Tasse Tee, eine Minute zum Träumen oder gar ein „Power Nap", ein Mittagsschläfchen.
- Nutzen Sie Freizeit zum Meditieren und Besinnen. Meditation hilft unter anderem, den Tag und das Leben zu ordnen.

Dazu folgende Übung:

Übung: Ordnungs-Meditation

Meditation fördert innere Harmonie, Gesundheit und Wohlbefinden. Sie trägt zu einem ausgeglichenen Leben bei und kann so für Ordnung, Abgestimmtheit im Leben sorgen, so auch die folgende Ordnungs-Meditation.

Setzen Sie sich an einem ruhigen Ort aufrecht hin. Entspannen Sie sich, z. B. durch Beobachten des Ein- und Ausatmens. Sagen Sie sich dabei folgende Gedanken vor:

- Ich bin in ein wunderbares Gefühl von angenehmer Gelöstheit eingetaucht.
- Ich entspanne mich mit jedem Atemzug und beobachte in Gedanken einen Wald oder den Strand.
- Ich sehe die wunderbare Natur. Alles lebt in einer Ordnung: Sonne, Bäume, Pflanzen, Tiere.
- Auch ich gehöre zu dieser Ordnung.
- Darum bringe ich jetzt auch Ordnung in mein Leben: in meine Arbeit, in meine Worte, meine Gedanken, Gefühle, Beziehungen, in mein äußeres Leben.
- Ich sehe alles abgestimmt, im Gleichklang, in Ordnung.
- Ich spüre in mir Ordnung, Harmonie. Die Sonne der Ordnung strahlt in meinem Körper und Geist.
- So wohnen Freude, Friede, Zuversicht und Harmonie in mir. Es geht mir gut. Ich bin in Balance.

Kommen Sie nun zurück, dehnen und strecken Sie sich.

(4) Pflegen Sie Optimismus

Optimismus ist eine Geisteshaltung und zugleich die Quelle für ein gelungenes und beseeltes Leben. Doch viele Menschen sind heute „Negaholiker", sind negativ, pessimistisch geprägt, sozialisiert, z. B. schon von Kind an oder durch Presse und Fernsehen. Ihre Gedanken kreisen dann oft um einen negativen Tages- oder Lebensverlauf: „Das kann doch nicht gelingen." „Ich schaffe das nie."

Optimismus bedeutet nicht etwas schönreden oder Probleme verdrängen, sondern in jedem Problem oder negativen Vorfall auch eine positive Seite zu suchen. Optimismus ist die geistige Einstellung, bewusst und unbewusst auf die positiven Faktoren einer Gesamtkonstellation zu achten. So kann man sich gezielt für Lösungen und Auswege motivieren, anregen und energetisieren lassen.

- Optimismus schafft Wohlbefinden, Leichtigkeit und Tatkraft,
- Optimismus macht heiter und gelassen,

- Optimismus belastet die Seele weniger, vielmehr wird sie so genährt und kann psychosomatische Gesundheitsstörungen verhindern und erleichtern.

- Optimismus ist ein „mentales Programm" und muss trainiert bzw. programmiert werden.

- Optimismus verändert Denken und Handeln, Körper, Geist und Seele durch seine positive Wirkung.

8. Ein be-seeltes Leben führen

Unser Leben ist an die Bedingungen und Möglichkeiten der modernen Zivilisation geknüpft, aber wesentlich auch von unserer Sorge für uns selbst, von den eigenen Gestaltungsfähigkeiten abhängig. Die gesellschaftliche Entwicklung, die Subjektivierung und die Freizeit als Befreiung von vorgegebenen Erziehungsinstanzen macht erst eine eigenständige Lebensführung bzw. Lebenskunst notwendig. Wir müssen heute auf die großen und kleinen Lebens- und Sinnfragen selbst Antworten finden. Der persönliche und gesellschaftliche Freiheits- und Selbstgestaltungs-Spielraum, die Autonomie der Lebensgestaltung machen es notwendig, das eigene Leben selbst in die Hand zu nehmen, es selbst aktiv zu gestalten. Dabei handelt es sich um eine notwendige Aufgabe, auf die wir allerdings bisher nur wenig vorbereitet sind bzw. wurden. Wie soll ich mein Leben gestalten? Was kann ich körperlich, geistig, seelisch und ökologisch für mich tun, wie mein eigenes Wachsen und Entwickeln fördern und mich in meinem Umfeld sinnvoll verankern, meine Lebens- und Seelenkräfte fördern?

8.1 Lebenskunst als Weg zu sich selbst und zum Leben

Der moderne Mensch ist vor die Aufgabe gestellt, sein Leben und seine persönliche Entwicklung selbst in die Hand zu nehmen. Eine solche Lebenskunst macht eine bewusste, überlegte Lebensführung notwendig. Sie ist mühevoll, aber zugleich Quelle der Erfüllung und des Erfolgs. Leicht und unbekümmert lässt sich das Leben nicht gestalten.

> *„Leicht zu leben ohne Leichtsinn,*
> *heiter zu sein ohne Ausgelassenheit,*
> *Mut zu haben ohne Übermut –*
> *das ist die Kunst des Lebens. "*
>
> Theodor Fontane

Lebenskunst lässt sich durch folgende neun Merkmale charakterisieren:

1) Lebenskunst umfasst die Beziehung zum Leben und zu sich selbst

Mit dem Leben sinnvoll umgehen, es aktiv und erfolgreich gestalten, hängt eng mit der eigenen Persönlichkeit zusammen, mit unseren Lebenszielen, mit den persönlichen Vorlieben und Bedürfnissen. Ein Standard-Lebenskonzept kann es heute in einer Zeit der vielfältigen persönlichen Entfaltungsmöglichkeiten nicht mehr geben.

2) Lebenskunst ist eine persönliche Fähigkeit,

das Leben und seine persönliche Entwicklung zu gestalten, zu meistern. Kein „System" – weder Elternhaus, Schule, Kirche noch Staat – kann eine solche Lebenskunst „verordnen". Wir sind weitgehend auf uns selbst gestellt, das Leben mit allen seinen Situationen und Stationen zu bewältigen und das Bestmögliche daraus zu machen. Es ist letztlich eine Kunst, sich so gut wie möglich zu entwickeln und zu leben. Das gilt auch für die Gesundheitsentwicklung.

„Die Medizin muss noch ganz anders werden: Lebenskunstlehre und Lebensnaturlehre."

Lebenskunst bedeutet zuerst Sorge für sich selbst

- körperliche Selbstsorge
- seelische Selbstsorge
- geistige Selbstsorge
- gesundheitliche Selbstsorge
- ökologische Selbstsorge

3) Lebenskunst ist ein ständiger Lernprozess

Wie jede Kunst erfordert Lebenskunst neben der Fähigkeit, dass man stetig und unbeirrt an seinem Potenzial arbeitet, sich unentwegt auf die Herausforderungen des Lebens einstellt. Dabei ist auch wichtig, dass wir die nötige Motivation, Mut und Selbstvertrauen entwickeln, um die Lebenshürden zu überwinden (vgl. F. Decker, Alle Hürden überwinden, Petersberg 2006). Lebenskunst will ständig aktiviert, gelernt werden. Wir haben nie ausgelernt, können uns nicht auf vergangenen Erfolgen ausruhen, denn das Leben und seine Herausforderungen und Chancen gehen weiter.

Ohne Mühe, ohne Bemühen, ohne Weiter-Lernen lässt sich das Leben nicht in den Griff kriegen, ist kein Wachstum, keine Entwicklung zum Besseren möglich. Das „Beste" fällt uns nicht zu, sondern ergibt sich aus unserem eigenverantwortlichen Denken und Handeln.

„Dieser Weg wird kein leichter sein.
Dieser Weg ist steinig und schwer...
Mit nicht vielen wirst du dir einig sein.
Doch das Leben bietet so viel mehr..."

„Dieser Weg" von Xavier Naidoo

4) Lebenskunst bedeutet Zeit für sich nehmen

Unser Leben ist ein Geschenk und braucht unsere ganze Aufmerksamkeit und Liebe. Dabei ist wichtig, welche Bedürfnisse und Ziele man hat, in welcher Richtung man weitergehen will oder wie man die Herausforderung angehen und meistern will. Dafür braucht es Zeit zur Besinnung, zur Reflexion. Die Seele, meine innere Stimme, kann mir wertvolle Impulse dazu geben. Die Seele hören wir aber nur in der Stille, in der Entspannung, in der Meditation.

Der Alltag macht uns jedoch dieses Besinnen schwer. Wir arbeiten, haben viel geschaffen, Notwendiges erledigt, ohne eigentlich das alles reflektiert zu haben. Wofür tue ich das? Habe ich selber dabei auch gelebt, war ich be-seelt, habe ich wenigstens eine „Bedenkzeit" gehabt? Hans Kruppa drückt diese Lebenskunst so schön aus:

„Ich sollte keinen Tag verstreichen lassen,
ohne mir wenigstens einmall
Zeit für mich selbst zu nehmen,
Zeit zum Entspannen, Ausruhen
und Genießen des Augenblicks,
Zeit, um Ruhe und Stille
in mich einströmen zu lassen
und in mich hineinzulauschen."

5) Lebenskunst bedeutet auf seine Seele achten

Der Alltag in unserer Zivilisation lässt uns oft nur Zeit für das Materielle, für Arbeit, Geld, Besitz und Vergnügen. Es fehlt bei dieser Dynamik und Hektik des Lebens aber an Spiritualität, an Werten, die man nicht für Geld kaufen kann: Freude, Liebe, Zuversicht, Begeisterung, Freundschaft, Zukunftsglauben u. a.

Wir leben in einer Welt, die uns die Zeit nimmt, die notwendig ist, um uns mit den tiefsten Bedürfnissen, mit den Lebens- und Seelenkräften zu beschäftigen. Es liegt jedoch an uns, ob wir uns die Zeit der Besinnung, der Seelenarbeit nehmen, Nahrung für unsere Seele zu beschaffen.

Jeder hat die Aufgabe, sein Leben zu be-seelen, zu verhindern, dass es ausbrennt, psychosomatische Krankheiten sich einstellen, z. B. Burnout, Depression u. a. Notwendig ist dazu allerdings regelmäßiges Besinnen, in den Alphazustand, in Meditation gehen. Die Seele „gleicht einer Festung, zu der die Außendinge keinen Zugang haben" (Marc Aurel). Suchen wir also ein Gespräch mit unserer Seele, unseren innere Seelenkräften, und lassen wir uns erfüllen von Freude, Lebenssinn, Motivation, Hoffnung und Liebe, denn die Seele beflügelt uns und das Leben. Albert Einstein erkannte, dass neben dem tätigen Zupacken in der Außenwelt die Betrachtung des Lebens in der Stille des Inneren, im Unterbewusstsein gehört:

„Die schönste und tiefste Erfahrung, die wir machen können, ist die Erfahrung des Mystischen. Sie ist die Mitgift aller echten Wissenschaften. Der Mensch, dem diese Erfahrung fremd ist, der nicht mehr staunen und von Ehrfurcht überwältigt werden kann, ist so gut wie tot. Zu wissen, dass das Unfassbare wirklich existiert, sich als höchste Weisheit und strahlendste Schönheit manifestiert, welche unsere dumpfen Sinne nur in ihrer primitivsten Form wahrnehmen können – dieses Wissen, diese Empfindung ist die Quelle wahrer Religiosität."

Marc Aurel meinte, wir sollten unserem Leben stets auch die innere, seelische Färbung und Gestalt geben, denn

> „Wo man leben muss,
> kann man auch glücklich leben."

6) Lebenskunst bedeutet Balance und Lebensordnung halten

Lebenskunst bedeutet: Die vielfältigen Lebensereignisse, Herausforderungen und Chancen zum Ausgleich zu bringen. Ein erfülltes und gelungenes Leben und Lebenserfolg erfordern Lebensbalance, ein Gleichgewicht in der Lebensführung zu erreichen, um so eine Lebensordnung zu ermöglichen.

Aktive, balancierte Lebensgestaltung bzw. Lebens-Kunst sorgt nicht nur für körperliche, geistige und seelisch-psychische Balance, sondern auch für den Ausgleich von Spannung und Entspannung, von Energieverbrauch und Energieentwicklung. Lebensbalance führt auch zu mehr Lebensfreude, mehr Lebenssinn, mehr seelischer Kraft, zu mehr Zuversicht und Optimismus, zu Hoffnung und Liebe, zur Förderung aller wesentlichen Dinge im Leben, zur Lebensordnung. Die Seele als Dimension unseres Selbst spielt dabei eine entscheidende Rolle.

Diesen Mittelweg zu gehen, für Ausgewogenheit zu sorgen, haben auch schon die alten Weisheitslehrer erkannt und empfohlen.

„Man darf das Schiff
nicht an einen einzigen Anker
und das Leben nicht an eine
einzige Hoffnung binden."

Epiktet

„Nicht gut ist, dass sich alles erfüllt,
was du wünschest:
Durch Krankheit erkennst du den
Wert der Gesundheit,
am Bösen den Wert des Guten,
durch Hunger die Sättigung,
in der Anstrengung den Wert der Ruhe."

Heraklit

Lebensbalance zu halten ist aber stets ein Balanceakt. Eine Reihe von Fähigkeiten und Erfahrungen, Intuition und Besinnung sind dabei notwendig. Was erfolgreiche Balance-Menschen auszeichnet, zeigt folgende Übersicht.

Was erfolgreiche Balance-Menschen auszeichnet

1. **Lern- und umstellungsfähig.** Sie passen Ihr Leben immer wieder neu an.
2. **Selbstwertgefühl.** Sie sind stolz auf ihre Fähigkeiten, sich der Stärken bewusst, können sich innerlich distanzieren. Es wirft sie nichts aus der Bahn.
3. **Gelassen und entspannungsfähig.** Sie regen sich nicht ständig auf, weil sie das als Energieverschwendung ansehen, halten Spannungs- und Energie-Balance.
4. **Freundschaften.** Enge Vertraute helfen Belastungen zu verkraften und wieder in die Balance zu kommen.
5. **Selbstbestimmung.** Entschlossenheit und klare Zielvorstellungen machen Balance-Menschen zum Gestalter ihres eigenen Lebensweges. „Ich schaffe, was ich will."
6. **MindVitness.** Die Kraft der Gedanken, die Fähigkeit zum Mentaltraining verstärken die Zielüberzeugung und die Erfolgsgewissheit. Alles beginnt im Kopf. Positive mentale Einstellung.

7) Lebenskunst bedeutet auch Bewältigung von Enttäuschungen und Krisen.

Die größten Herausforderungen für die Lebenskunst bestehen darin, mit Schwierigkeiten, Krisen und Umbrüchen, mit Enttäuschungen, mit Verlusten fertig zu werden. Diese gehören zum Leben dazu.

Lebenskunst und hier vor allem geistig-seelische Kräfte wie Hoffnung, Zuversicht und Kreativität können helfen, sich neu zu orientieren, neue Wege zu wagen. Mind- und Seelen-Coaching sind erfolgreiche Mittel für eine solche Veränderungs- und Umstellungsarbeit (vgl. F. Decker, Erfolgreich sein Leben meistern, Petersberg 2005). Es gehört zur Kunst im Leben, Seele und Geist aufzutanken, sich am Gelingen und am Schönen zu freuen, die Sonne zu genießen, aber nicht den Kopf hängen zu lassen, wenn etwas schief geht oder unsere Erwartungen nicht erfüllt werden. Selbst schwierige Lebenssituationen wie Krankheit, Trennung, Arbeitslosigkeit können Chancen für eine Veränderung bieten. Sinnvoll ist es zu versuchen, die Hindernisse und Krisen so zu akzeptieren, wie sie kommen, und sich zu bemühen, das Beste daraus zu machen.

Wir können jederzeit im Leben hinfallen. Wichtig ist aber, immer wieder aufzustehen, Neues zu probieren und an neuen Zielen zu wachsen. Diese Kraft entsteht primär im Geist und in der Seele. Lebenskunst beginnt da, wo ich mein Leid, meine Krise, meine Krankheit im Wissen um meine Energien und Fähigkeiten, um meine mentalen und seelisch-emotionalen Kräfte betrachte und ihnen zur Entfaltung verhelfe. Das Leben bewältigen bedeutet, es vorwärts und lösungsorientiert zu gestalten und nicht jammernd und passiv rückwärts.

„Das Leben ist die Suche des Nichts nach dem Etwas."

CH. Morgenstern

„Leben ist die Kunst, aus falschen Voraussetzungen die richtigen Schlüsse zu ziehen."

Samuel Butler

„Das Leben ist weder ein Vergnügen noch ein Schmerz, sondern eine ernste Angelegenheit, mit welcher wir beauftragt sind und die wir zu unserer Ehre führen und vollenden müssen."

Tocqueville

8) Lebenskunst bedeutet geben und nehmen

Liebe, Anerkennung, Mitgefühl, von seinen Mitmenschen geschätzt, anerkannt zu werden, sind Bedürfnisse, die zu unserem Menschsein gehören. Das Problem in heutiger Zeit besteht darin, dass viele Menschen nicht die Zeit, die Energie und den Willen aufbringen, anderen zu helfen, zuzuhören und sich um die Probleme anderer zu kümmern. Viele wissen auch nicht um die Erfahrung. Wer gut zu anderen Menschen ist, ist damit auch gut zu sich selbst. Das Gleiche meint auch das Bibelwort: „Liebe deinen Nächsten wie dich selbst." Oft fehlt heute den Menschen die Liebe zu sich selbst. Spiritualität bedeutet aber, dass ich die Liebe als Lebenskraft nutze – für mich selbst und andere.

9) Lebenskunst bedeutet Sinn suchen und finden

Wir leben in einer Zeit, die alles analysiert, diagnostiziert, pluralistisch ist, alles unter verschiedenen Perspektiven sieht. Arbeitsteilung ist unser Prinzip.

Wir wissen immer mehr von immer weniger und immer weniger von immer mehr, bis wir schließlich alles von nichts wissen. Eine solche Einstellung versperrt uns den Blick auf das Sinnvolle, verhindert Zusammenhänge. Den Sinn des Lebens finden bedeutet: Überblick und Grundlegendes, Tragendes zu ergründen, ist mehr als logisch-analytisches Denken, linkshirnige Aktivität. Sinn ergibt sich aus der intuitiv-unbewussten Vorstellung in Verbindung mit dem verstandesmäßig Denkbaren. Es geht von ihm Überzeugungs- und Motivationskraft aus. Seelisch-Spirituelles kann z. B. ein Angebot für Lebenssinn sein, das dem Einzelnen helfen kann, seinen Lebenssinn zu finden.

Viele Menschen verspüren heute eine große Leere. Sie haben den Kontakt zu den Sinn- und Orientierungsquellen verloren. Früher hat sich der Mensch, wie der Philosoph Wilhelm Schmid feststellt, die Sinnfrage nicht in dem Maße gestellt wie heute, weil er sich eingebettet erlebt hat in ein großes Ganzes, weil heute der Verstand an die Stelle von Religion, Geist und Seele getreten ist.

Es war der Psychiater Viktor Frankl, der darauf hinwies, dass der Sinnfrage im Leben eine entscheidende Bedeutung zukommt. Er suchte selbst als KZ-Häftling trotz erdrückender Lage nach Lebenssinn und Lebensmut und überlebte.

> „Heute sind Experten davon überzeugt, dass die Frage nach dem Sinn den Motor unseres Lebens darstellt: Wer keinen Sinn in seinem Handeln sieht, ist blockiert. ‚Dass wir nach Sinn fragen, weist auf unser Verlangen hin, verstehen zu wollen, worum es im Leben geht, um das Leben danach auch gestalten zu können‘, sagt Alfried Längle, Wiener Psychotherapeut und Präsident der Internationalen Gesellschaft für Logotherapie und Existenzanalyse.“
>
> emotion, Januar 2008, S. 44

Erst wenn der Mensch sein Leben überblickt und ein Verständnis für größere Zusammenhänge entwickelt, kann er sich orientieren, entscheiden, Chancen wahrnehmen und drohende Schwierigkeiten eher vermeiden. Auch für den Hirnforscher Gerald Hüther ist Sinnsuche alles andere als ein „nutzloses oder esoterisches Unterfangen“, sondern vielmehr eine „Notwendigkeit, die sich aus der Arbeitsweise des menschlichen Gehirns ergibt“.

Neues kann im Gehirn nur an Vorhandenes geknüpft werden, an bereits existierende neuronale Verschaltungsmuster im Gehirn, und so Sinn ergeben.

Was nicht in den bestehenden geistigen Zusammenhang passt und nicht erwei-
terungsfähig ist, wird als „sinnlos" abgetan bzw. verworfen. Mit dem eigenen
Lebenssinn hängt also Lebenskunst, nämlich wie das Leben glückt, zusammen. Der Frage nach dem Sinn in meinem Leben komme ich nur näher, wenn
ich erkenne:

- Wohin treibt es mich in meinem Leben?
- Welches ist die wesentliche Spur meines Lebensweges?
- Wer bin ich und wie kann mein Weg gelingen?

Weisheitslehrer und Dichter ermuntern uns dazu, wie folgende Aussagen
zeigen:

Du hast nur ein Leben

Mach daraus, was du vermagst.
Es gibt dunkle Tage und helle Tage.
Mach daraus, was du vermagst.
Du hast nur ein Leben
Versuch es mit diesem Leben.
Wenn du es ablehnst,
hast du kein Leben mehr.

Phil Bosmans

„Wenn dein Alltag dir arm scheint,
klage ihn nicht an! Klage dich an, dass
du nicht stark genug bist, seine Reichtümer
zu rufen; denn für den Schaffenden gibt es
keine Armut und keinen armen, gleichgültigen Ort."

Rilke

8.2 Leben beginnt im Kopf

Erst seit jüngster Zeit kennen wir die Bedeutung unseres Denkens, unserer Vorstellungskraft, von Bewusstsein und Unbewusstem für die Lebensgestaltung und Lebenskunst.

„Das Leben besteht in dem, was ein Mensch
den ganzen Tag über denkt. "

Ralph Walde Emerson

„Das Glück deines Lebens
hängt von der Beschaffenheit deiner Gedanken ab. "

Marc Aurel

8.2.1 Mein Programm im Kopf

Gedanken und Vorstellungen, Bewusstes und Unbewusstes sind Verhaltensimpulse. Sie beeinflussen unseren Körper, unsere Vitalität und damit auch die „Wohnung" der Seele. Psychosomatische Befindlichkeit hängt eng mit der geistig-mentalen Verfassung zusammen. Unser Geist ist also ein Reservoir für Lebensqualität. Die Kraft der Gedanken, die Mindfitness und die Vorstellungskraft sind eine immaterielle Intelligenz, die unser Leben wesentlich gestalten helfen. (Vgl. F. Decker, Erfolgreich sein Leben meistern, Petersberg 2005).

Neueste Erkenntnisse der Gehirnforschung bestätigen das.

Das Programm im Kopf

- entscheidet über die Qualität unserer Gedanken, unserer Einstellungen und unseres Lebens,
- ist das „Transportmedium" unserer seelischen Impulse und Botschaften vom Unbewussten in das Bewusstsein. Seele und Geist stehen in einem engen kommunikativen Zusammenhang. Es sind die zentralen Lebensgestaltungskräfte unserer Glaubensmuster, Werte und Visionen. Diese geben unserem Leben die Richtung und die Motivationskraft. Wir können diese Kräfte pflegen und sie nutzen, aber auch gedanken- und seelenlos leben.

Unsere bewussten und unbewussten Kräfte, unsere Gedanken, Vorstellungen und Seelenimpulse können uns genauso wie be-seelende äußere Ereignisse, anregende Begegnungen und Alltagserfahrungen zu veränderten Sichtweisen gelangen lassen und Lernprozesse auslösen.

„Unser Kopf ist rund, damit das
Denken seine Richtung ändern kann. "
Francis Picabia

Lebenskunst besteht also darin, geistig, seelisch, körperlich an sich zu arbeiten.

Die Weisheit der Seele

Die Steuerungszentrale Kopf wird geprägt durch die geistigen Aktivitäten und durch die Seele.

8.2.2 Vom Gehirnnutzer zum Geistgestalter

Um sich zu verändern, um seine Lebenskunst weiterzuentwickeln, müssen wir die bewussten und unbewussten Geisteskräfte, das Linkshirn und das Rechtshirn aktivieren. Im Linkshirn sind primär Verstand, Bewusstsein, Logik, Informationen angesiedelt, im Rechtshirn eher Unbewusstes, Intuition, Emotionen. Um die Seelenkräfte zu wecken und zu nutzen, muss ich den Verstand von seinem pausenlosen Denken entlasten, ent-spannen. Dadurch erhalte ich Zugang zu den seelisch-unbewussten Potenzialen, die ich nutzen, aber auch selber gestalten kann. Unser Unbewusstes versteht nur Bilder. Hier sind Glaubenssätze, seelische Orientierungen, Botschaften, aber auch Ängste, Hoffnungen, Sorgen und Zuversicht abgespeichert. Diese gilt es zu regulieren, Positives zu verstärken oder Negatives zu neutralisieren.

Diese mentale Selbstregulation ist die Fähigkeit, innezuhalten, Abstand zu den eigenen inneren Denk- und Emotionsvorgängen zu erlangen und diese dann durch neue innere Bild-Vorstellungen positiv zu beeinflussen. Auch der Körper hat dabei einen gewissen Einfluss.

Einen solchen seelisch-geistigen Regulations- und Veränderungsprozess nennen wir Mind-Coaching (vgl. F. Decker, Erfolgreich sein Leben meistern, Petersberg 2005).

Innehalten bedeutet dabei: Ich schließe die Augen, gehe in die Stille, entspanne mich und programmiere mich durch ein Gebet, mit positiven Bildvorstellungen.

Bilder im Kopf

1. Wie wir uns in einem Moment fühlen, wie wir handeln und denken, hängt von den Bildern ab,

- die wir uns geistig vorstellen,
- und von unseren Selbstgesprächen.

2. Es handelt sich bei diesen Bildern

- um innere Interpretationen der Wirklichkeit,
- nicht um die objektive Realität.
- Sie drücken aus, wie wir persönlich die Welt sehen.
- Es ist unsere Landkarte des Lebens. Diese ist jedoch nicht die objektive Realität.

> *„Wir sehen die Dinge nicht, wie sie sind,*
> *sondern wie wir sind.“*
>
> Anais Nin

3. Wir können lernen, die Bilder und Klänge in unserem Kopf zu verändern,

- um unser Leben besser zu gestalten.
- Bilder, die größer, heller, schärfer werden, entwickeln eine stärkere emotionale Intensität als
- unscharfe, verschwommene Bilder, die weiter weg sind.

So lässt sich mein Leben in meinem Sinne sinnvoll gestalten.

Coaching als Weg

Was versteht man unter Coaching?

Der Begriff Coaching

- Ursprünglich „Kutsche" = Beförderungsmittel.
- Man macht sich auf den Weg, um ein bestimmtes Ziel zu erreichen.
- Heute: Coach = Berater, der anderen hilft, an ihr Ziel zu gelangen.

Coaching verfolgt das Ziel,
- Bewusstsein für ungenutzte Möglichkeiten, für
- bisher nicht bewusst erkannte Stärken und Potenziale zu wecken,
- Sehnsüchte, Erfolgsgewissheit und Wege in ein besseres Leben zu fördern.
- zu wachsen, sich zu verändern, Probleme zu lösen und sich sowie das eigene Leben in der Balance zu halten bzw. sich in die Balance zu bringen.

Coaching als Hilfe zu Selbst-Coaching
Dabei geht es darum, das Methodenarsenal für diesen Lern- bzw. Neu-Lern-Prozess dem Klienten zur Verfügung zu stellen. So kann er den eigenen Weg gehen. Coaching bietet also Hilfen und Unterstützung zur eigenen Wachstumsentwicklung an.

Coaching beginnt im Kopf

Jeder Gewohnheits- und Verhaltensänderung geht eine neue, positive, bildhafte Vorstellung, eine angenehme Gefühlsempfindung voraus.

Rein abstrakte Ratschläge, Vorsätze oder Argumente können nur ein erster Schritt sein. Solche Informationen müssen, um erfolgreich umgesetzt zu werden, im Gehirn mit einer bildhaften Vorstellung, einem angenehmen Gefühl vernetzt werden. Das geschieht z. B. durch Mind-Coaching, durch Mentaltraining. Deshalb ist es wichtig, zuerst diese mentale Kompetenz zu stärken, d. h. die persönlichen Energien, Konzentrations- und Vorstellungskräfte zu trainieren (Mindfitness). Diese mentale Kompetenz hilft dann bei der Vorstellungsregulation, bei der Entwicklung von Bildern, Gefühlen und Zukunftsgewissheiten für das neue Bewusstsein und Verhalten. Eine solche Mind-Kompetenz stellt ein starkes Gegengewicht, ein Regulativ zu den äußeren Lebensbedingungen, Herausforderungen und Belastungen dar.

8.2.3 Kräfte geistig-seelischer Lebensgestaltung

Zur aktiven Lebensgestaltung gehört es, die geistig-seelischen Kräfte besser zu fördern und zu nutzen. Dazu gehören z. B. Lebensmut, Optimismus, Glaube, Hoffnung und Liebe, Intuition. Lebensqualität. Gesundheit, aber auch Krankheit ist nicht nur über Körper und äußeres Leben zu gestalten. Sie haben immer auch eine geistig-seelische Dimension. Möchten wir z.B. gesund bleiben oder auch werden, sollten wir demzufolge unseren Geist und unsere Seele pflegen. Nichts Außergewöhnliches im Leben und bei der Gesundheit kann gelingen ohne die Zuversicht und den Glauben an das Gelingen. Ein Optimist ist inspiriert von diesem Glauben und dessen Kraft. Lebensmut gilt als Arznei.

Viele Menschen haben erfahren, dass sie sich manche Impulse ihrer Seele und ihres unbewussten Geistes nicht erklären, nicht in Worte fassen können, ihnen aber dennoch gefolgt sind und erfolgreich waren, sogar mit Spontanheilung.

Der Glaube kann oft Berge versetzen

Wir loten viel zu selten die intuitiven Impulse der Seele und des Geistes aus, die uns z. B. in alltäglichen „Glücksmomenten" begegnen. Diese können uns in vielfältigen Formen begegnen, z. B. im Lächeln eines Menschen, in einer leuchtenden Blume, im Schmecken einer würzigen Frühlingsluft, aber auch in der Botschaft einer inneren Stimme. Es sind oft unglaubliche, phantastische Kräfte, die tatsächlich Wunder bewirken können. So berichtet der Schweizer Naturheiler Bruno Vonarburg, wie positive Vorstellungen ihn von einer Krankheit befreit haben (vgl. Bio, Heft 2, 2007, S. 95). Was durch solche Vorstellungen in unserem Körper geschieht, lässt sich bis heute nicht genau erklären.

Placebo-Forschung

Aus den neuen Erkenntnissen der Placebo-Forschung wissen wir Folgendes: „Ob Depressionen, Rheuma, Bluthochdruck oder auch chronische

Schmerzen – Mittel ohne Wirkstoff, so genannte Scheinpräparate, können Krankheitssymptome lindern, ja sogar von ihnen befreien. Auch hier ist es allein der Glaube an einen bestimmten Wirkstoff, an eine bestimmte Methode, die den Patienten gesund macht." (Bio, 2007/2, S. 3).

Auch der Chirurg Dr. med. Bernd Hontschik berichtet in seinem Buch „Körper, Seele, Mensch" über Placebo-Effekte bei Kniegelenkarthrose. „Je positiver die Erwartung, desto stärker werden bestimmte Regionen des Frontalhirns und des so genannten anterioren Cingulums aktiviert", erläutert der Neuropsychologe Thomas Weiß von der Universität Jena. Der Mediziner stellte fest, dass sich Placebos nicht nur bei Schmerzpatienten, sondern sogar bei Parkinson-Kranken als effektiv erwiesen haben (Bio, 2007/2, S. 3).

Wenn diese geistig-seelischen Kräfte eine solche Wirkung erzeugen können, dann sollten wir sie viel öfter pflegen und nutzen. Seele und Geist besitzen starke – bisher nur wenig aktivierte Selbstentwicklungs- und Selbstheilungskräfte.

Der Weg der Intuition und der mentalen Selbstgestaltung ist der Weg zur Lebens- und Gesundheitsentwicklung.

Geistig-seelische Kraftquellen im Alltag schaffen

Die Kraft unserer Seele und unserer Vorstellungen, das Erschließen der unbewussten Ressourcen im Alltag können uns vielfältig helfen, unser Leben und unsere Gesundheit aktiv zu fördern. Deshalb im Folgenden einige Anregungen zur praktischen Lebensgestaltung.

Innehalten, Entspannen

„Strebe nach Ruhe, aber durch das Gleichgewicht, nicht durch den Stillstand deiner Tätigkeit!"

Friedrich von Schiller

„Nichts ist entspannender, als das anzunehmen, was kommt."

Dalai Lama

Aufmerksamkeitslenkung, Achtsamkeit

*„Wohin Sie Ihre Aufmerksamkeit richten,
dahin fließt Ihre Energie."*

Roy E. Davis

*„Konzentration ist einschränkend, auf
einen bestimmten Bereich begrenzt,
während Achtsamkeit grenzenlos ist."*

Kristinamurti

Selbstprogrammierung

*„Das, was wir heute sind, folgt aus den Gedanken, die wir gestern
pflegten; und unser gegenwärtiges Denken baut unser Leben, wie
es morgen ist. Die Schöpfung unseres Bewusstseins, das ist unser
Leben."*

Buddha

*„Keinen Drachen kann man so hoch steigen lassen
wie den in der Fantasie."*

Lauren Bacall

*„Vivere militare est.
Leben heißt kämpfen."*

Seneca, 96. Brief

*„Wer immer ein Ziel vor Augen hat,
um das zu kämpfen sich lohnt, der lebt."*

Oesch

*„Fange jetzt zu leben an, und zähle jeden Tag
als ein Leben für sich."*

Seneca

8.3 Seele und Geist coachen (Mind-Coaching)

Leben ist wachsen, entwickeln und verändern. Auch Seele und Geist wollen gepflegt und im positiven Sinne entwickelt werden. Unser Gehirn ist auf Aktivität angelegt. Es ist immer veränderungsbereit und anpassungsfähig. Wenn wir unser Leben, unsere Zukunft optimistisch ausmalen, entspricht das unserer Gehirnkonstitution. Die Neigung zum Optimismus lässt sich nämlich präzise im Gehirn verorten. Forscher der New York Universität haben zwei kleine Regionen im Gehirn nachgewiesen, die für positives Denken und Optimismus zuständig sind: den sogenannten Mandelkern im Kernbereich des Gehirns und das vordere Cingulum, eine gürtelförmige Struktur in der Großhirnrinde.

Somit sind also die physiologischen Voraussetzungen für eine positive Lebensentwicklung gegeben. Jeder hat damit die Möglichkeit, an der eigenen Weiterentwicklung zu arbeiten.

Doch wie soll das geschehen? Wie lassen sich Seele und Geist

* positv entwickeln, entfalten und fördern,
* wie die Seelen- und Geistkräfte bewusstmachen und nutzen?

Die moderne Gehirnforschung und Neuropädagogik gibt einige Anregungen.

Intuition, Inspiration und Imagination sind nur einige Methoden der mentalen und damit auch seelischen Selbstgestaltung. Ein solches Konzept der positiven Gestaltung für Seele und Geist wurde vom Verfasser in Form des Mind-Coachings entwickelt (vgl. F. Decker, Erfolgreich sein Leben gestalten, Petersberg 2005).

Mind-Coaching als Potenzialentwicklung

Mind-Coaching erstreckt sich auf die Entwicklung der bewussten und unbewussten Potenziale in uns im Sinne einer „Hilfe zur Selbsthilfe". Grundlage sind folgende Prinzipien:

Die sieben Gesetze
mentaler Lebensgestaltung

1. *Mind-Coaching nutzt die verstandesmäßigen, bewussten (Linkshirn) und zugleich die unbewussten, emotionalen Kräfte in uns.*

2. *Entspannung und Visualisieren sind die Tore zu unserem unbewussten, seelisch-geistigen Potenzial. Innere Bilder gestalten unser Leben.*

3. *Unser Leben besteht nicht nur aus einer objektiven Sachwelt, wichtiger ist meist unsere „Innenausstattung", die „Programme" von Seele und Geist.*

4. *Unser Gehirn kann nicht zwischen Tatsachen und Fiktion unterscheiden, deshalb können wir uns im eigenen Sinne programmieren. Unsere Vorstellungen und inneren Bilder können wir deshalb nach Belieben gestalten und verändern.*

5. *Da unser Gehirn über aktive Positiv- bzw. Optimismus-Regionen verfügt, sind lösungsorientierte Vorstellungen wirkungsvoller als Problemanalysen.*

6. *Unser Verhalten und Handeln wird wesentlich von der Attraktivität der mentalen Vorstellungen geprägt.*

7. *Coaching berücksichtigt die Einheit von Körper, Geist, Seele und Leben und erstreckt sich deshalb auf vier Ebenen.*

Coaching-Ebenen

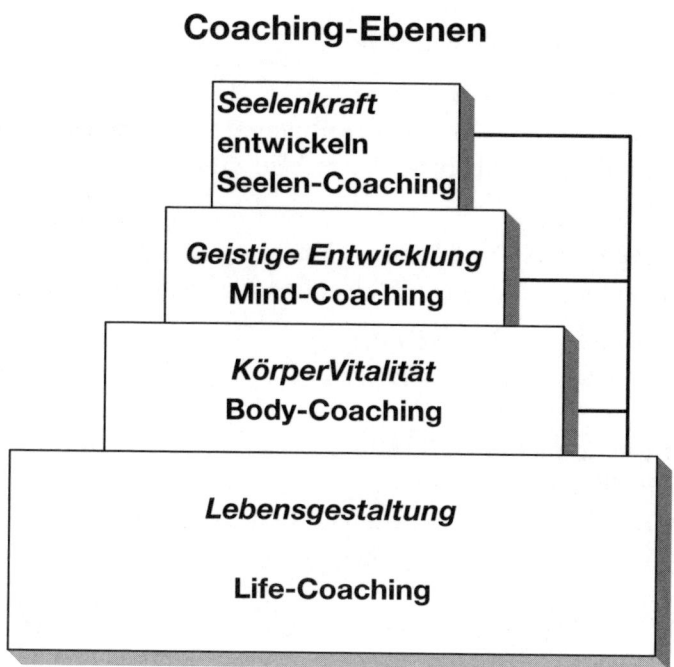

Seelenkraft entwickeln
Seelen-Coaching

Geistige Entwicklung
Mind-Coaching

KörperVitalität
Body-Coaching

Lebensgestaltung
Life-Coaching

Ziele des Seelencoachings

Seelencoaching fördert ein Wachsen und Entwickeln der eigenen spirituellen Kräfte, die mir die Kraft geben sollen, mein Wesen und mein Leben sinnvoll zu verwirklichen. Dazu braucht man seelische Kräfte und seelische Wachheit, eine aktive Nähe zum eigenen Selbst, um die Chancen der eigenen Entwicklung und die, die das Leben bietet, zu erkennen. Es sind meist immaterielle, unbewusste Orientierungen wie z. B. Vertrauen, Zuversicht, um das Gute, das einem begegnet, besser sich entfalten zu lassen, und das Schlechte, das einem widerfährt, besser zu bewältigen. Die seelischen Lebensziele geben mir Kraft und fördern die Lebenskunst.

Diese Ziele der seelischen Lebenskräfte beziehen sich sowohl auf die eigene Person wie auf die Gemeinschaft und auf das Lebensumfeld sowie die Transzendenz (siehe Übersicht). Neben diesen Zielen gehören zum Seelencoaching die geistig-mentalen Fähigkeiten und Ziele (MindVitness-Fähigkeiten), die helfen, die Kräfte des Seelenlebens zu erschließen, zu pflegen, zu programmieren, um die unbewussten Seelenkräfte bewusstzumachen.

Ziele der seelischen Lebenskräfte

1. *Persönliche Seelenkräfte*
   Zuversicht, Sinn, Glaube, Hoffnung, Liebe, Friede, Freude, Vertrauen, Dankbarkeit, Verzeihen, Glück, Überzeugungskraft

2. *Soziale Seelen- und Lebenskräfte*
   Freundlichkeit, Mitgefühl, Naturverbundenheit

3. *Transzendente Seelenkräfte*
   Beziehung zu Gott, Gottesglaube, Gnade

Ziele der geistig-mentalen Kräfte (Mind-Fitness-Kräfte)
Ruhe, Stille, Entspannung, Achtsamkeit, Konzentration, Visualisierungsfähigkeit, Imagination, Energetisieren, Modellieren, Meditieren.

Die mentale Fähigkeit, die Mind-Fitness, kann mir helfen, auf der bewussten und unbewussten Ebene meine Seelenkräfte zu entfalten. Dadurch entsteht eine veränderte Lebens-Landkarte. Die Mind-Fitness-Fähigkeiten sind im Rahmen des Coachingprozesses die „Geburtshelfer", die Impulsgeber für die Seelenfähigkeit. Erst in der Ruhe und Stille, in einem Alphazustand haben wir Zugang zu den mehr unbewussten Seelenkräften. Hier lassen sie sich mobilisieren, programmieren und ins Bewusstsein holen, so dass sich ein neues Verhalten bzw. Denken, eine neue Persönlichkeitseigenschaft bildet.

Wenn unser Leben von dem Wunsch getragen ist, das Friedvolle, das Freudige, das seelisch Erquickende, aber auch das Göttliche im Alltag zu sehen, so können uns Vorstellungs- bzw. Mind-Fitness-Kräfte dazu verhelfen (Mind-Coaching). Das Sachlich-Gewöhnliche des Alltags wird außergewöhnlich. Der Prozess des Lebens beginnt, unsere Seele zu nähren, und gibt uns eine bessere Lebensqualität.

Seelencoaching steht daher in engem Verbund mit Körpercoaching, mit Lebenscoaching und mit Mind-Coaching. Eine neue spirituelle Denk- und Verhaltensqualität, z. B. mehr Zuversicht und Überzeugungskraft, hängt eng mit dem bewussten und unbewussten Geist als Übertragungs-Kanal der Seele (Mind-Coaching), aber auch mit der Pflege des Körpers (Body-Coaching) zusammen. Hier gilt: Tue dem Körper Gutes, damit die Seele sich darin wohlfühlt und dem Körper keinen seelischen Schaden zufügt. Voraussetzung für einen solchen Seelencoachingsprozess ist jedoch das Life-Coaching, denn es kommt auf die richtige Lebenseinstellung, das Moving-Bewusstsein, die Offenheit für Lebensveränderungen an. (Vgl. F. Decker, Alle Hürden überwinden, Petersberg 2004).

„Wir brauchen nicht so fortzuleben, wie wir gestern gelebt haben. Macht euch nur von dieser Anschauung los, und tausend Möglichkeiten laden uns zu neuem Leben ein."

Christian Morgenstern

„Wir leben in einer Zeit vollkommener Mittel und verworrener Ziele."

Albert Einstein

„Menschen, die ihr Leben sinnvoll finden, haben gewöhnlich ein Ziel, das herausfordernd genug ist, um all ihre Energie in Anspruch zu nehmen, ein Ziel, das ihrem Leben Bedeutung verleiht."

Mihaly Csizkszentmihalyi

Prof. Dr. rer. pol. Franz Decker

Jahrgang 1935, Betriebswirtschaftler, Pädagoge, Psychologe, bis 31. 3. 1997 Lehrstuhl für Wirtschafts- und Berufspädagogik an der Pädagogischen Hochschule Weingarten, Lehrauftrag für Gesundheitsbildung und -förderung, Heilpraktikerausbildung, NLP-Master, Kinesiologie-Ausbildung, Leiter des MindConcept-Instituts für Mental- und Zukunftsgestaltung.

Anerkannter und erfahrener Dozent und Berater für Personalführung, Sozial- und Gesundheitsmanagement, Organisationsentwicklung und Erwachsenenbildung im In- und Ausland. Mehrjährige Leitung eines Forschungsinstitutes. Veröffentlichung von mehr als 50 Büchern und zahlreichen Beiträgen für Zeitschriften und Sammelbände aus den Bereichen Management und Führen, Betriebswirtschaft, Mindforschung, Mentalpädagogik, Aus- und Weiterbildung sowie Gesundheitsentwicklung. Begründer einer modernen Sozial-Betriebswirtschaft und des modernen Managements für Soziale Einrichtungen. Veranstalter großer Kongresse. Entwickler und Autor mehrerer staatlich anerkannter Fernstudienbildungsgänge im „Modernen Weiterlern-System".

Besondere Interessen und Arbeitsschwerpunktbereiche sind in den letzten Jahren gesundheitliche und medizinische Fragen sowie die Durchführung von Bildungsgängen „Gesundheits- und Mentalberatung". Leiter von Projekten zur präventiven Gesundheitspflege. Die besondere Perspektive der Arbeit von Prof. Dr. Decker liegt in der Entwicklung von Zukunftskonzepten zur Qualifizierung für Arbeit, Leben und Gesundheit und zur Bewältigung von zeitbedingten Herausforderungen, z. B. bei Streß, Angst, Burn-out, Konflikten, Mentalblockaden, Gesundheitsstörungen und Selbstentwicklung.

Energie-Balance finden

Wege zu mehr Wohlbefinden und Gesundheit,
zu Ausgeglichenheit und Leistungsfähigkeit

Dr. Franz Decker

Paperback, 264 Seiten, 85 Abbildungen – ISBN 978-3-936486-50-6

Wir leben heute in einem Zeitalter der Energiekrise. Immer mehr Menschen empfinden die Energieknappheit und die Fehlleitung von Energie als Krise, als Disbalance der Körperenergie, Geist- und Psyche-Energie, als Ausgebranntsein und Befindlichkeitsstörung. Energiebedarf und Energiepotenzial, Energieverbrauch und -regeneration sind aus dem Gleichgewicht gekommen. Das vorliegende Buch von Prof. Dr. Franz Decker stellt im ersten Teil die zeitbedingten Energieströmungen und das menschliche Energie-System dar. Der Hauptteil enthält eine Vielzahl von Strategien zur körperlichen, geistigen und seelischen Energie-Mobilisierung und -Balance und untersucht dabei auch die Bedeutung von Ernährung, von Licht, Farben und Musik zur Energieregulierung. Das Buch beruht auf wissenschaftlichen Erkenntnissen und auf eigenen Erfahrungen des Autors und verbindet diese mit einer Vielzahl von Energieübungen.

21 Übungseinheiten zur persönlichen Energiegewinnung

Körperliche, emotionale und mentale Energie-Balance finden

Dr. Franz Decker

Paperback, 144 Seiten, zweifarbig, 94 Grafiken – ISBN 978-3-936486-62-9

Energie-Balance bedeutet, das Gleichgewicht zwischen Energieverbrauch und Energieaufbau ständig zu erhalten, neu zu begründen. Energie-Balance ist eine permanente Regulationsaufgabe, um so unsere Lebenskraft zu erhalten, wie es beispielsweise die alten Chinesen im Yin-Yang-Prinzip getan haben. Das Buch zeigt uns Wege, wie wir den kraftraubenden Alltag ausgleichen können, damit wir uns nicht chronisch überfordern und schneller zu Ruhe und Gelassenheit kommen. Es handelt sich um ein Auftankbuch und bietet in 21 praxiserprobten Übungseinheiten die Möglichkeiten zur täglichen Energiegewinnung, zur Entspannung, Meditation, Gehirnaktivierung und Vitalität, um so die körperliche, emotionale und mentale Energie-Balance zu erhalten bzw. wiederzugewinnen. Nur Übung führt zur Lebensmeisterung. Das Überforderungs- und Erregungs-Syndrom sowie die einzelnen Energiekiller des Alltags hat Franz Decker in seinem Buch „Energie-Balance finden" (Verlag Via Nova, 2004) bereits dargestellt.

Der Dreiklang für ein vitales, gesundes Leben

Natürliche Ernährung, Mentale Fitness,
Seelische Ausgeglichenheit

Dr. Franz Decker

Paperback, 240 Seiten – ISBN 978-3-86616-042-2

Natürliche Ernährung sowie eine natürliche, ausgewogene Lebensweise sind die Basis für mehr Vitalität, Wohlbefinden und Gesundheit. Das Buch zeigt den Zusammenhang zwischen Zivilisationskost, Fertiggerichten, Fast Food und den Auswirkungen auf Vitalität, Gesundheit und Figur auf. Es macht die Bedeutung einer natürlichen Ernährung und Lebensweise für Stressabbau, Stimmungsschwankungen, Wohlbefinden, für Körper-Gesundheit, Fitness und Alterungsprozess deutlich. Das Ernährungskonzept wird ergänzt durch ein Körper, Geist und Seele stärkendes Programm, um so die Lebensqualität zu stärken und vital bis ins hohe Alter zu bleiben. Basis ist ein erprobtes siebenstufiges MindCoaching-Programm. Durch Mentaltraining soll Ernährungs- und Lebensverhalten entsprechend der individuellen Ziele reguliert bzw. umgestellt werden. Ein solches Mind-Programm wird ergänzt durch ein Ernährungs- und Lebensmanagement-Konzept mit dem Ziel, Vitalität und Gesundheit in einer Zeit des Umdenkens stärker zu beachten, zu erhalten und zu fördern.

Alle Hürden überwinden
Sein Leben selbst in die Hand nehmen
Dr. Franz Decker

Paperback, 240 Seiten, 15 grafische Darstellungen –
ISBN 978-3-936486-76-6

Das Leben ist wie ein Hindernislauf. Ans Ziel kommen wir nur dann, wenn wir die Lebens-Hürden erfolgreich überwinden, Stress, Berufs- und Lebenskrisen, Umstellungen und Veränderungen bewältigen, neue Wege gehen, das Alte loslassen und zu neuen Ufern aufbrechen. All das erfordert Kraft. Wir brauchen dazu vor allem die Fähigkeit, den Prozess der persönlichen Entwicklung und der Lösung von Lebensproblemen Schritt für Schritt zu gehen. Prof. Dr. Decker bietet in diesem Buch eine kompetente, einfühlsame Wegbegleitung an. Er führt den Leser zu Einsichten, wie er sein Leben selbst in die Hand nehmen kann, und eröffnet Wege, sie auch für eine erfolgreichere Lebensgestaltung zu verwirklichen. Dieses vorliegende Buch bietet einen neuen, erprobten Selbstentwicklungsansatz, eine Anleitung zur Selbstveränderung und zur selbstbestimmten Lebensführung. Der Leser kann so zu seinem eigenen Coach und persönlichen, lösungsorientierten Lebensberater werden.

Erfolgreich sein Leben meistern
Mein Weg zum persönlichen Erfolg
Franz Decker

Hardcover, 368 Seiten – ISBN 978-3-936486-31-5

Das Buch des bekannten Gesundheits- und Lebensberaters Prof. Dr. Franz Decker zeigt Wege auf, das eigene Leben durch die Kraft des Geistes sinnvoll zu gestalten, sich eigene Ziele zu setzen und diese mit Energie auch zu verwirklichen. Um persönlich zu wachsen, sich umzustellen und sich zu verändern, muss der Mensch Neues wagen. Das Buch von Franz Decker bietet ein umfassendes Mind-Life-Fitness-Programm, einen Werkzeugkasten für ein Coaching- und Beratungskonzept für sich selbst und andere. Das von Decker entwickelte ganzheitliche Konzept basiert auf den neuesten Erkenntnissen z. B. der Neurowissenschaften und ist ein Praxis-Weg zur Alltagshygiene, zur Befreiung von psychomentalen Schwierigkeiten, von Stressbelastungen und Energiestörungen, zu mehr Gesundheit und Selbstentwicklung.

Wenn es verletzt, ist es keine Liebe
Chuck Spezzano

10. Auflage

Gebunden, 416 Seiten – ISBN 978-3-928632-20-1

Dieses Buch verändert Ihr Leben. Ein Wissender zeigt den Weg, wie Sie ein Leben führen können, das erfüllt ist von Liebe und Verstehen, von Freude und Glück. Sie erfahren in 366 Kapiteln wichtige Lebensgrundsätze, die Ihre zwischenmenschlichen Beziehungen auf eine höhere Ebene heben.

Wenn es verletzt, ist es keine Liebe
Die Essenz des Bestsellers
Hörbuch mit 3 CDs – gelesen von Werner Vogel
Chuck Spezzano

Hörbuch mit 3 CDs, ISBN 978-3-86616-066-8

Die wichtigsten Aussagen des Buches sind in dem Hörbuch zusammengestellt. Durch die nach jedem Abschnitt angebotenen Übungen kann das theoretisch Erkannte auch in den praktischen Alltag umgesetzt werden, dann wird das Hörbuch zu einem Wegbegleiter und Ratgeber in bedrängenden Beziehungsnöten. Eine begleitende spirituelle Musik führt noch stärker in die Tiefe und verstärkt die Wirkung der Übungen. So werden Sie Schritt für Schritt in die wichtigsten Grundprinzipien der Liebe eingeführt

Die Angst ist ein seltsamer Vogel

Wie wir Ängste und Blockaden spielerisch überwinden können

Matt Galan Abend

Hardcover, 144 Seiten, 10 Zeichnungen
ISBN 978-3-86616-106-1

Noch nie war das menschliche Leben so angstbesetzt wie heute: M. G. Abend beschreibt Ursachen und Hindernisse, weshalb die Angst so bedrohlich ist und unüberwindbar scheint. Er lehrt, wie man sich von der Angst trennen und die Identifikationen mit ihr auflösen kann. Der Autor personifiziert die Angst in diesem Buch mit der Figur des seltsamen Vogels und zeigt darüber hinaus einen Weg, wie wir Ängste und Blockaden auch aus unserer unbegrenzten, geistigen Ebene heraus heilen können.

Mit Yoga Nidra das Leben meistern

Das Energiepotenzial des Unbewussten erkennen und die Kreativität der Alpha-Ebene nutzen

Anna Röcker

Hardcover, 192 Seiten
ISBN 978-3-86616-069-9

Leicht erlernbare „magische" Praktiken ermöglichen es auf verblüffend einfache Weise, die Fähigkeiten des Geistes optimal und zielgerichtet zu nutzen. Auf verschiedenen Stufen führt Yoga Nidra von einer ganzheitlichen, tiefen Entspannung bis hin zur Lösung von alten Mustern und Blockaden sowie Programmierungen aus der Kindheit. Davon frei zu werden eröffnet völlig neue Möglichkeiten, die innere Stimme zu hören und das eigene kreative Potenzial zu entwickeln und für die eigene Lebensgestaltung einzusetzen. Im besten Sinne führt Yoga Nidra nicht nur zur eigenen Weiterentwicklung und inneren Freiheit, sondern zur Mitgestaltung und Erhaltung der Schöpfung. Yoga Nidra ist für jeden Menschen geeignet, da es sich um ein in sich schlüssiges System handelt. Das uralte Yoga Nidra-Wissen wird damit zum Schlüssel für die „neue Zeit", von der die moderne Gehirnforschung spricht.

Leben wie neu geboren

Noch einmal • *ganz anders anfangen*
• *ganz anders denken*
• *ganz anders handeln*

Matt Galan Abend

Hardcover, 128 Seiten, 10 Zeichnungen
ISBN 978-3-86616-088-0

Was würden Sie alles anders machen, wenn Sie Ihr Leben noch einmal von vorne beginnen könnten? Auch Sie können tatsächlich so etwas wie eine zweite Geburt erleben, Ihr Leben noch einmal ganz neu betrachten, ganz neu ordnen, ganz andere Schwerpunkte setzen und damit auch zu einer ganz neuen Beziehung zu sich selbst und zu Ihrem Leben finden. Wie die grundsätzliche Neuorientierung eines Lebens möglich ist, zeigt der Autor am praktischen Beispiel eines Rechtsanwalts, der seine Ängste und einengenden Prägungen überwinden konnte und damit eine ganz neue Qualität in sein Leben brachte. Die flüssige, meist humorvolle, z.T. auch ironische Sprache des Autors und das lebensechte Beispiel garantieren eine spannende Lektüre. Seine direkte Ansprache, Überlegungen und Empfehlungen überzeugen auf Anhieb. Ein Buch, das auch Ihr Leben verändern kann.

Reifejahre

Lebensfreude und Sinnfindung

Prof. Manfred Stöhr

Paperback, 224 Seiten, mit 25 Fotos
ISBN 978-3-86616-076-7

Dieses Buch gibt vor allem älteren Menschen umfangreiche Informationen zu ihrer Lebenswirklichkeit. Es regt sie an, über sich und ihre Situation nachzudenken, sich selbst und ihr Alter anzunehmen und ihr Leben selbstbewusst und möglichst eigenständig zu gestalten. Der Autor zeigt vielfältige Möglichkeiten sinnvoller Betätigung und Beispiele geglückten Altwerdens auf, aber auch Gefahren, die das Alter belasten. Das Buch regt die Leser an, ihre Neigungen, Fähigkeiten und Möglichkeiten zu erproben und zu nutzen, auch gegen heutige Modetrends nach ihrem Gewissen zu leben, ihre Lebensziele zu verwirklichen, Sterben und Tod anzunehmen und nicht zu fürchten. Der Autor bezieht sich in seinen Aussagen über das Alter auf Philosophen, Religionsgründer und Schriftsteller von der Antike bis zur Gegenwart, bietet damit einen reichen Erfahrungsschatz, der dem Leser Mut und Gelassenheit schenken kann.

Dein Seelenhaus

Ein direkter Weg mit der Seele zu sprechen

Peter Reiter

Hardcover, 200 Seiten
ISBN 978-3-86616-062-0

Spielerisch die eigene Seele erkunden, Vorzüge und Defizite seiner Persönlichkeit in wenigen Minuten erkennen lernen und dabei auch noch Spaß und Entdeckerfreude haben – geht das? Ja, mit der hier vorgestellten und neu entwickelten Methode von Dr. Peter Reiter ist dies einfach.
Nicht nur, dass Sie endlich wissen werden, welche Talente und Fähigkeiten in Ihnen schlummern, Sie erkennen in diesem Bild des Seelenhauses sofort, schnell und sicher Ihre Defizite oder Bereiche, die der Zuwendung, Entwicklung und Heilung bedürfen. Sie verändern mit dem Umbau des Seelenhauses auch Ihre Seelenmuster und von da ausgehend auch Ihre äußere Erscheinung und Ihr Verhalten zur Mitwelt. Dies funktioniert bei Ihnen selbst wie auch bei Ihren Freunden, Kindern, Partnern oder Klienten und Patienten – eine kurze Bildmeditation genügt, um das Innere zu erfassen. Es geschieht mühelos, nur über eine entsprechende Visualisation und Absicht, denn die Lebensenergie folgt den Gedanken oder Bildern.

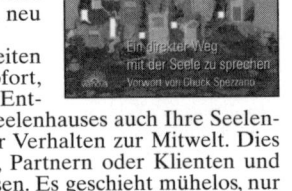

Durch Energieheilung zu neuem Leben

Atlas der Psychosomatischen Energetik   **3. Auflage**

Dr. med. Reimar Banis

Hardcover, 408 Seiten, Großformat, vierfarbig
ISBN 978-3-936486-15-5

Jeder Mensch, der mehr über sich, seinen unbewussten Charakter erfahren möchte, kann von diesem Buch nur profitieren. Der Leser findet Informationen aus allen Kultur-Epochen und spirituellen Disziplinen über die Lebensenergie, die Chakras und deren herausragende Bedeutung für Gesundheit, Lebensfreude und Sinnfindung im Leben. Der Autor verbindet das naturwissenschaftliche Weltbild mit Erkenntnissen der modernen Energiemedizin und uralter spiritueller Erkenntnisse. Ein neues Weltbild wird sichtbar, in dem die seelische Evolution des Einzelmenschen den eigentlichen Schlüssel darstellt. Dr. Banis schildert ein neues, einfaches System der Energiemedizin, das er entdeckt hat, um Energieblockaden in kürzester Zeit zu erkennen und zu heilen – die Psychosomatische Energetik.